James *Engelszauber*

Geoffrey James

Engels–
Zauber

Die verbotene
Kunst

Aus dem Amerikanischen von
Susanne Reichert

Die Originalausgabe erschien unter dem Titel
Angel Magic
bei Llewellyn Publications, St. Paul, Minnesota, USA.
© Geoffrey James 1995

Für die kleine Marian

Die Deutsche Bibliothek – CIP-Einheitsaufnahme
James, Geoffrey:
Engelszauber : die verbotene Kunst / Geoffrey James. Aus dem
Amerikan. von Susanne Reichert. – München : Hugendubel, 1998
 (Sphinx)
 Einheitssacht.: Magic angel <dt.>
 ISBN 3-89631-184-0

© der deutschen Ausgabe Heinrich Hugendubel Verlag, München 1998
Alle Rechte vorbehalten

Lektorat: Barbara Imgrund, München
Umschlaggestaltung: Zembsch' Werkstatt, München
Produktion: Tillmann Roeder, München
Satz und Repro: SatzTeam Berger, Ellenberg
Druck und Bindung: Huber, Dießen
Printed in Germany

ISBN 3-89631-184-0

Inhalt

Vorwort

Mit diesem Buch begann ich vor zwanzig Jahren, als ich an der Universität von Kalifornien in Irvine englische Literatur studierte. Ein Semester lang besuchte ich Seminare über elisabethanische Dramatiker und über die Werke von William Blake. Für die erste Veranstaltung schrieb ich eine Arbeit, in der ich die Ursprünge der magischen Zeremonien in Marlowes Stück »Doctor Faustus« darlegte. In der Arbeit für das zweite Seminar vertrat ich die These, daß William Blake mit Hilfe von Engelsmagie die Visionen heraufbeschwor, die er in seinen Gedichten beschreibt. Beide Arbeiten stießen bei den Professoren auf wenig Begeisterung, denn sie meinten, meine Ideen paßten nicht in den traditionellen Lehrplan einer Universität.

Dies stachelte jedoch mein Interesse erst recht an. Ich durchforstete weiterhin die Literatur und Geschichte von Magie und Religion und verfaßte nach Erhalt meines Diploms mehrere Artikel für die Zeitschrift »Gnostica«. In diesen Artikeln ging es um die Geschichte der Engelsmagie, des Engelszaubers, angefangen bei seinen Ursprüngen im antiken Chaldäa bis in die heutige Zeit. Leider stellte die Zeitschrift ihr Erscheinen ein, noch bevor die ganze Artikelserie publiziert war. Ich hatte immer vor, die – veröffentlichten und unveröffentlichten – Artikel in einem Buch zusammenzustellen, jedoch fand ich nie die Zeit dazu. Erst 1993 raffte ich mich endlich auf und unterbreitete Llewellyn meinen Vorschlag. Dem Verlag gefiel die Idee, und so entstand dieses Buch.

Ich werde oft gefragt, ob ich nun wirklich an Engelszauber glaube. Ich muß gestehen, daß mich dieses Thema in erster Linie vom historischen Standpunkt aus interessiert. Deswegen bin ich aber noch lange kein eingefleischter Materialist oder, schlimmer noch, einer von diesen peniblen Wissenschaftlern, die alles verurteilen, was nicht in den Lehrplan einer Universität des 20. Jahrhunderts paßt. Im Gegenteil, ich halte mich für aufgeschlossen und bin bereit, alle Phänomene ernst zu nehmen. Persönlich habe ich ein paar merkwürdige Dinge gesehen, die ein überzeugter Materialist wohl nur schwer erklären könnte. Einen Engel habe ich mit eigenen Augen jedoch noch nicht erblickt.

An dieser Stelle möchte ich mich bei Nancy J. Mostad vom Llewellyn-Verlag bedanken, die mich ermutigt hat, weiter an diesem Thema zu arbeiten. Des weiteren geht mein Dank an den Verleger von Llewellyn, Carl Weschcke, denn er hat eine Nische für Literatur mit alternativen Denkansätzen geschaffen; dann an Janine Ranee, die mir trotz aller Veränderungen in unser beider Leben auch über große Entfernungen hinweg eine gute Freundin geblieben ist. Donald Tyson danke ich für seine hervorragenden Vorschläge für die Überarbeitung des ersten Entwurfs, des weiteren Meister Yang Jwing-Ming, der mich immer dazu anhielt, nach höchster Vollendung zu streben, und schließlich Anthony J. Robbins, der mir beibrachte, mit Leidenschaft zu leben.

Geoffrey James
Maui, September 1994

1
Einführung in den Engelszauber

Engelszauber ist eine alte Kunst, mit der man Engelswesen herbeiruft und mit ihnen kommuniziert. Der Glaube an Engelszauber ist so alt wie der Glaube an Engel. Schon immer haben Weise behauptet, sie besäßen die Macht, Engel vom Himmel – oder gefallene Engel aus der Hölle – herbeizurufen, um ihre Geheimnisse zu erfahren und ihre übernatürlichen Kräfte zu nutzen. In diesem Kapitel geht es um das Wesen von Engeln und die Grundprinzipien des Engelszaubers, mit deren Hilfe Heilige und Hexenmeister nach höchster Erleuchtung suchten.

Was sind Engel?

Die moderne Welt hat die Engel wiederentdeckt. Übersättigt vom unkontrolliert ausufernden Materialismus und der Habgier der achtziger Jahre wenden sich die Menschen jetzt ihrem persönlichen Wachstum und ihrer spirituellen Weiterentwicklung zu. Dies äußert sich in einem neuerlichen Interesse an Engeln, jenen geheimnisvollen, halbgöttlichen Wesen, die in großartigen Gestalten aus Volkserzählungen und religiöser Literatur überall auf der Welt erscheinen.

Diese Faszination für Engel ist keine schnellebige Kulterscheinung, sondern beruht auf einem weitverbreiteten Interesse. Eine kürzlich durchgeführte Umfrage des »Time«-Magazins enthüllte, daß ganze neunundsechzig Prozent der Amerikaner an die Existenz von Engeln glauben.[1]

Mit diesem neuerwachten Interesse erheben sich natürlich eine ganze Reihe von Fragen. Zwar glauben Menschen an Engel, wissen jedoch über deren Wesen und Zweck nichts Genaues zu sagen. Früher hätten die Menschen die Antwort auf ihre Fragen bei Priestern und Pfarrern gesucht, aber heutzutage sind wir nicht mehr so sicher, ob die traditionellen Religionen dazu in der Lage sind.

Der Glaube an Engel ist eigentlich viel älter als das Christentum. Zu allen Zeiten und in vielen Kulturen haben die Menschen an Engel geglaubt. Diese Tatsache legt die Vermutung nahe, daß diesem Glauben tiefere Realität zugrunde liegt oder daß die Vorstellung als solche der Psyche des Menschen von großem Nutzen ist. In beiden Fällen ist jedenfalls etwas Geheimnisvolles am Werk, wenn Menschen weiterhin an die Existenz von etwas glauben, das nicht nur sehr alt ist, sondern auch allen Prinzipien moderner Wissenschaft und des allgemein herrschenden Materialismus zuwiderläuft.

In der christlichen Lehre heißt es, Engel seien spirituelle Wesenheiten, die Gott schon vor Adam und Eva erschuf. Er ernannte sie zu Herrschern über Sterne, Planeten und die verschiedenen Regionen der Erde. Zwar ist in der Bibel immer wieder von Engeln die Rede, aber sie bleiben mysteriöse Wesen mit unbekannter Macht.

Zum Teil faszinieren uns Engel aus dem Grund, weil sie nicht unbedingt notwendig erscheinen. Denn wenn Gott allmächtig ist, wozu braucht er dann eine Schar rangniedrigerer Wesen, die ihm helfen sollen, auf der Erde für Ordnung zu sorgen und sie zu beschützen? Engel stellen nicht nur für die Theologen eine Herausforderung dar, sondern übersteigen auch jegliche Logik und berühren die sehnlichsten Wünsche und Ziele des Menschen.

Glaubt man den Legenden, so sind nicht alle Engel gut. In der Tradition des Christentums war der mächtigste Engel Satan. Er rebellierte gegen Gott und wurde zur Strafe in die Hölle verbannt. Mit ihm lehnten sich zahlreiche andere Engel auf, und diese gefallenen Engel bilden die Teufelshorden, die die Menschheit nur allzugern in Versuchung führen.

Genauso wie gute Engel werfen Teufel schwierige theologische Fragen auf. Warum sollte Gott ihre Existenz überhaupt billigen? Es scheint völlig gegen den gesunden Menschenverstand zu sprechen, daß das höchste Wesen zuläßt, daß die Erde von bösen Geistern gepeinigt wird. Verkompliziert wird das Ganze noch durch Passagen in der Bibel, aus denen hervorzugehen scheint, daß zwischen Engeln und Teufeln eigentlich kein großer Unterschied besteht. Im Buch Hiob beispielsweise erscheinen Gott und Satan fast wie Spießgesellen, die ihre Köpfe zusammenstecken und Wetten über das Schicksal des armen Hiob abschließen. Engel und Teufel gehören beide eindeutig einer älteren Tradition, einem Vorläufer des Christentums, an.

Sie tauchen in unterschiedlicher Gestalt in den Volks- und religiösen Märchen von Hunderten von Kulturen auf. Was bei den Christen Engel sind, nennen andere Religionen Götter, Devas, Dschinns, Kamis oder Daimones.

Die Griechen glaubten beispielsweise an Götter, die dieselbe Funktion wie die Engel des Christentums hatten. Sie wachten über die Himmel und herrschten in verschiedenen Bereichen über Menschen und die Natur. So wie die christliche Theologie eine Engelshierarchie postuliert – von den mächtigen Cherubim bis zu den rangniedrigeren Erzengeln –, sahen die Griechen die spirituelle Welt geteilt in die wichtigeren Himmelsgötter und die rangniedrigeren Götter der Wälder und Fluren. So wie einige Christen glauben, daß jeder einen eigenen Schutzengel hat, glaubten die Griechen, daß jeder einen *daimon* – einen Schutzengel – habe, der das höchste spirituelle Selbst verkörperte.

Natürlich leitet sich das Wort »Dämon« vom griechischen Wort *daimon* ab. Die Christen setzten den *daimon* mit dem Teufel gleich. In den Anfängen des Christentums vertraten sie hartnäckig die Ansicht, daß Götter und Engel anderer Kulturen per Definition eigentlich Teufel seien. Auf diese Weise wurde Ishtar, der babylonische Engel des Mondes, in der christlichen Dämonologie zum Teufel Astaroth. Aber nicht überall wurden die alten Götter dämonisiert. In den keltischen Ländern gliederte man die Engel der Druiden in die christliche Hierarchie ein: So wurde beispielsweise aus der keltischen Göttin Brigit in der christlichen Mythologie die heilige Brigitte.

Die frühen Christen waren ungewöhnlich intolerant gegenüber Engeln anderer Kulturen. Griechen, Römer und Kelten akzeptierten hingegen andere Religionen eher als gleichwertige Formen, mit denen Respekt vor und Liebe zur göttlichen Macht zum Ausdruck gebracht werden sollte. Auch im Osten übte man in dieser Hinsicht Toleranz. Im Hinduismus, Buddhismus, Shintoismus und Taoismus gelten Engel und andere spirituelle Geister als Manifestationen der göttlichen Energie, die alles im Universum durchdringt und ihm Gestalt verleiht.

Anders als das Christentum machen östliche Religionen keinen Unterschied zwischen guten und bösen Engeln, sondern glauben, daß alle Engel göttliche Energie darstellen, auch wenn diese Energie vom Standpunkt des Menschen aus als Übel erscheinen mag. Das taoistische Symbol von Yin und Yang stellt dieses Zusammenspiel entgegengesetzter Kräfte im Universum dar. Für die Taoisten sind Gut und Böse zwei Seiten derselben Münze.

Aufgrund dieses unterschiedlichen philosophischen Standpunktes ergibt sich für uns eine andere Betrachtungsweise der Engel. Für östliche Religionen befinden sich spirituelle Wesen gleichsam auf einer gleitenden Skala: An einem Ende stehen die mächtigen Wesen, die fast das Nirwana erreicht haben. Am anderen Ende finden wir die schwachen, aber spitzbübischen Wesen, die Streiche spielen und Krankheiten verursachen. Unabhängig von ihrem Entwicklungsstand sind solche Geister Manifestationen göttlicher Energie. Aber genau wie Menschen stehen diese Manifestationen in ihrer spirituellen Entwicklung an unterschiedlichen Punkten.

Diese Auffassung findet man in der christlichen Tradition der »neutralen« Engel wieder. Im europäischen Volksglauben gibt es bestimmte Engel, die an dem Kampf zwischen Gott und Satan nicht teilnahmen. Das sind die Geister der Wälder, Flüsse und Felder, die die Macht der Natur verkörpern. Und genau diese neutralen Engel sind es, die beispielsweise den Heiligen Gral in der Parzivalsage bewachen.[2] Sie sind eine Mischung aus Gut und Böse – genau wie die Menschen.

Gibt es Engel wirklich?

Der Glaube an Engel ist ein Phänomen, dem man nahezu überall auf der Welt begegnet. Die Tatsache, daß er sich so hartnäckig im menschlichen Bewußtsein erhalten hat, zeigt, daß es sich dabei um etwas Tiefergründiges handelt. Entweder neigt der Mensch einfach dazu, an Dinge zu glauben, die sich mit dem Verstand nicht erfassen lassen, oder hinter dem Glauben steht eine höhere Realität. Es ist wirklich eine große Hilfe, wenn die moderne Wissenschaft und die Psychologie mystische Erfahrungen als Halluzinationen abtun! Selten wagt jemand in Erwägung zu ziehen, daß Engel tatsächlich existieren könnten.

Der Psychologe Carl Gustav Jung erkannte als einer der ersten, daß die Mythen und Legenden verschiedener Länder vieles gemeinsam haben. Er stellte die Theorie von der Existenz eines kollektiven Unbewußten auf: Ein Bereich unseres Geistes ist von symbolischen Gestalten und – wie er es nannte – »Archetypen« bevölkert, die seit Urzeiten existieren. Visionen von Engeln sind nach Jungs Theorie das Ergebnis eines allen Menschen gemeinsamen Erinnerungsschatzes, einer genetischen Veranlagung des menschlichen Geistes, dieselben Bilder und Vorstellungen zu bilden. Nach Jung ist dieses kollektive Erinnerungsvermögen der Grund dafür, weshalb es in so vielen Religionen Engel gibt, selbst in solchen, die jahrtausendelang von der übrigen Welt isoliert waren.

Auf den ersten Blick scheint Jungs Theorie Engel auf bloße Hirngespinste zu reduzieren. Aber so darf man seine Beobachtungen nicht interpretieren. Nur mit Hilfe der Wahrnehmung läßt sich die Realität des Universums erklären. Die sogenannte objektive Realität ist lediglich eine Übereinkunft von Beobachtungen. Wir glauben, daß beispielsweise ein Stuhl real ist, weil wir ihn mit unseren Augen sehen und mit unseren Händen fühlen können. Die objektive Realität des Stuhls hängt davon ab, ob wir uns alle über seine Existenz einig sind. Genau dasselbe gilt für Jungs Archetypen. Allen Menschen erscheinen Engel in Träumen und Visionen, und daher sind Engel objektiv gesehen ebenso real wie ein Gegenstand.

Als Beweis für die Richtigkeit dieser Behauptung wollen wir uns ein fiktives Land vorstellen, dessen Bewohner stark kurzsichtig sind. Eines Tages wird ein normalsichtiges Kind an den Strand gespült und von den kurzsichtigen Bewohnern aufgezogen. Das normalsichtige Kind blickt hinauf zum Himmel und sieht Sterne. »Was ist das?« fragt es und deutet nach oben.

»Wovon sprichst du?« fragen sie zurück. »Wir sehen überhaupt nichts.« Unter diesen Umständen könnte das normalsichtige Kind zu der Ansicht kommen, daß die Sterne nur eine Halluzination sind und eigentlich gar nicht wirklich existieren.

In dieser kurzsichtigen Kultur gibt es nun aber die Tradition, Geschichten zu erzählen, die auf Träumen beruhen. Die Menschen sitzen jede Nacht um ein Feuer und berichten von den Bildern, die ihnen in der Nacht zuvor erschienen sind. In jedem Traum kommen ähnliche Bilder und Archetypen – die weise Frau, der Trickster, die kriegerische Jungfrau und so weiter – vor. Das normalsichtige Kind hat ähnliche Träume und kann daher problemlos an den Diskussionen teilnehmen. In diesem Fall würde es wahrscheinlich den Schluß ziehen, daß die Traumarchetypen, die jeder sieht, realer als die Sterne sind, die nur es allein sehen kann.

Eines Tages geht das Kind am Strand spazieren und sieht ein Segelschiff. Es schwimmt hinaus, geht an Bord und wird in seine Heimat zurückgebracht. Dort stellt es fest, daß fast alle so wie es selbst die Sterne sehen können. »Also sind die Sterne genauso real wie die Traumwesen«, sagt es froh. Seine neuen Spielgefährten verstehen es nicht. »Wovon redest du?« fragen sie. »Träume sind nicht real! Man kann sie nicht anfassen!« – »Aber die Sterne kann man auch nicht anfassen!« erwidert das Kind ärgerlich.

Aus seiner Sicht sind seine neuen Freunde zwar nicht kurzsichtig, aber ihre Definition von Realität ist widersprüchlich. Das Entscheidende bei dieser Geschichte ist, daß es lediglich ein Vorurteil ist, Engel für irreal zu halten, nur weil sie scheinbar nicht in unsere vorgefertigte Vorstellung von Realität passen.

Man könnte nun einwenden, daß Engel nicht real sind, weil wir sie nicht gleichzeitig sehen. Wenn zwei Personen einen Stuhl sehen, sieht dieser für beide ungefähr gleich aus. Träume und Visionen von Engeln sind jedoch oft ganz individuell. Einer sieht vielleicht einen Engel, der wie eine Gestalt aus einem Bilderbuch aussieht. Vielleicht trägt der Engel auch die Züge eines geliebten Menschen, der bereits verstorben ist. Auch erscheinen Engel den Menschen verschiedener Kulturen jeweils anders. Aber wenn sie real sind, wie kommt es dann, daß sie so unterschiedliche Formen annehmen können?

Dieses Phänomen läßt sich mit dem sechsten Sinn erklären, mit dem Menschen die Anwesenheit von Engeln wahrnehmen. Die Mythen und Legenden Hunderter von Kulturen stützen die Annahme, daß bestimmte Menschen dafür sensibler als andere sind.

Die bekannten fünf Sinne lassen sich in direkte und indirekte einteilen. Zu den indirekten Sinnen gehören Hören und Sehen, mit denen wir die Intensität von Wellenenergie messen. Die direkten Sinne sind der Geschmacks-, Tast- und Geruchssinn, die die physischen Eigenschaften von Gegenständen über den direkten Kontakt erfassen. Normalerweise liefern die fünf Sinne kompatible Werte, manchmal jedoch nicht, zum Beispiel dann, wenn illusionistische Perspektivenmalerei zwar das Auge, nicht aber den Tastsinn täuscht.

Jeder Sinn funktioniert auf einer anderen Ebene und nimmt eine jeweils andere Eigenschaft der Realität wahr. Diese Ebenen sind äußerst begrenzt. Der Mensch kann beispielsweise nur einen sehr kleinen Bereich von Wellen mit dem Auge und dem Gehör erfassen. Seine Augen sehen keine unsichtbaren Lichtfrequenzen, und viele Töne sind zu hoch oder zu tief, als daß er sie hören könnte. Dasselbe gilt für die indirekten Sinne. Wir werden nie wie ein Bluthund winzigste Geruchsspuren riechen oder wie ein Katzenwels mit unserem gesamten Körper den Geschmack eines Flußbettes erfassen können. Unsere Umgebung bietet in Wahrheit viel mehr Reize, als wir mit unseren Sinnen je wahrnehmen können.

Nehmen wir beispielsweise einmal an, andere Körperteile könnten Elemente dieser reichhaltigen Umgebung erspüren, die wir ansonsten nicht wahrnehmen würden. Dies ist der Fall bei Unterschallfrequenzen, die direkt auf unser Nervensystem wirken und uns nervös und unruhig werden lassen. Filmregisseure machen sich diesen »sechsten Sinn« zunutze, um das Angstgefühl des Zuschauers in Abenteuer- und Horrorfilmen zu steigern.

Möglicherweise spürt unser Körper auch noch auf andere Art und Weise Energien, die für unsere normalen Sinne ansonsten nicht wahrnehmbar wären. Wenn Visionen von Engeln die Reaktion auf irgendwelche äußeren Reize sind, dann ist der Empfänger dieses sechsten Sinnes vielleicht das Gehirn selbst.

Das Gehirn, ein sehr empfindliches Organ, ist direkt mit dem Nervensystem verbunden, über das die anderen fünf Sinne laufen. Wir betrachten das Gehirn meistens als aktives Organ – wir denken und sind kreativ mit ihm. Ist es nicht denkbar, daß das Gehirn auch ein passives Organ ist, das die Fähigkeit besitzt, Energie zu erspüren, so wie Augen und Ohren? Wenn ja, dann könnte es durchaus zu Visionen von Engeln kommen, wenn das Gehirn direkt von Energien außerhalb unserer fünf Sinne stimuliert wird.

Das ist zwar reine Spekulation, aber doch eine gute Erklärung dafür, weshalb Engel den Menschen verschiedener Kulturen in so unterschiedlicher Form erscheinen. Wenn das Gehirn tatsächlich ein passives Organ ist, kann es unter Umständen diese rezeptive Funktion mit seinen aktiven Funktionen kombinieren. Alle Wahrnehmungen des Gehirns vermischen sich wahrscheinlich mit anderen Gedanken und Ideen im Bewußtsein, so daß jemand, der Engel sieht, die »Vision« an seine eigene kulturelle Prägung und seine persönlichen vorgefaßten Meinungen anpaßt.

Es ist gar nicht so absurd, daß die Energie eines Engels einem Christen in der Gestalt des Erzengels Michael, einem Taoisten als Berggott oder einem Schamanen im Dschungel als Herr des Waldes erscheint. Was man tatsächlich sieht, ist eine Energiequelle, die der Mensch ins Gewand seiner eigenen vertrauten Wahrnehmungsweise und seiner Erinnerung gekleidet hat.

Sind Engel also real? Die Antwort lautet, daß sie wahrscheinlich genauso real sind wie irgend etwas anderes auch. Wenn es Engel gibt, dann auf einer Energieebene, die das Gehirn direkt wahrnimmt, denn es hat von Natur aus die Tendenz, diese Energie sehr individuell und kulturell spezifisch zu interpretieren. Die Frage muß nun lauten: Warum und wie erscheint diese Energie ausgerechnet als Engel und nicht als Lichtpunkt oder als Gefühl oder als besonderer Duft?

Tatsächlich wurden Phänomene geschildert, bei denen jemand Kontakt mit Engeln hatte. Wenn das Gehirn stimuliert wird, fällt die Reaktion auf diesen Reiz offenbar unterschiedlich aus. Dies allein spricht nicht gegen die Realität der Erfahrung, dennoch ist zu berücksichtigen, daß es sich um ein komplexes Phänomen handelt und das Gehirn wahrgenommene Energie auf mehrere Arten interpretieren kann.

Wie treten Engel in Erscheinung?

Wie wir schon erläutert haben, erscheinen Engel den Menschen oft im Traum. Wenn wir schlafen, befindet sich das Gehirn im rezeptiven Zustand. Dann manifestiert sich die Engelsenergie als Traumvision, die dem Träumer Anweisungen gibt, wie er sich in einer bestimmten Situation verhalten soll.

Hier kann ich sogar aus eigener Erfahrung sprechen. Ab und zu erschien in meinen Träumen die Gestalt einer weisen alten Frau und half mir, mit emotional schwierigen Situationen fertigzuwerden. Manchmal erscheint sie als meine Großmutter, ein anderes Mal als uralte, freundliche schwarze Frau. Jedesmal, wenn mir diese Gestalt erschien, hat sie mir dabei geholfen, eine wichtige Veränderung in meinem Leben vorzunehmen. Einmal wurde mir gesagt, ich sollte meiner Familie näherkommen. Dann wieder hieß es, ich müsse mich aus einer Beziehung lösen, die mich mittlerweile sehr eingeschränkt hatte. Ich weiß nicht, ob diese Erfahrungen nur Träume waren oder ob ich tatsächlich etwas wahrgenommen habe, das außerhalb meines Verstandes liegt. Meiner Ansicht nach spielt das auch gar keine große Rolle. Daß diese Erfahrungen subjektiv real und – noch wichtiger – hilfreich waren, zählt mehr als die Frage, ob sie nun tatsächlich »real« waren. Jedenfalls lernte ich etwas daraus und begann zu handeln.

Engel erscheinen dem Menschen auch im Wachzustand als Visionen. Anders als bei Träumen machen aber manchmal mehrere Menschen gleichzeitig diese Erfahrungen. Das berühmteste Beispiel dafür sind die Engel von Mons.[3] Tausende alliierte Soldaten sahen während der Entscheidungsschlacht im Ersten Weltkrieg Engel am Himmel. Das Ereignis von Mons ist gut dokumentiert und weist gewisse Parallelen zu Fällen auf, bei denen UFOs gesichtet wurden – zahlreiche Leute sahen an verschiedenen Orten *irgend etwas* am Himmel.

Am eindrucksvollsten sind wohl Engel, die in Gestalt eines lebendigen Menschen mit übermenschlichen Kräften in Erscheinung treten. Dieses Phänomen gibt es überraschend oft, und Menschen, die solche Erfahrungen gemacht haben, sind auch sonst verläßlich und glaubwürdig. Viele von ihnen sind nicht einmal religiös.

Sehen sie wirklich Engel? Diese Kontakterfahrungen scheinen ganz anders als die Fälle zu sein, in denen Engel in Träumen und Visionen erscheinen. Man könnte fast meinen, sie seien Menschen wie wir, die aus körperlicher Materie und nicht aus Energie bestehen.

Sind Engel überhaupt Geister? Diese Frage ist nicht neu. Seit vielen Jahren streiten sich Theologen über das wahre Wesen von Engeln. Manche behaupten, Engel seien ganz und gar spirituell, andere wiederum meinen, sie bestünden aus Materie. Daß Engel eine Energieform darstellen, paßt durchaus zu der Vorstellung, daß sie manchmal in Menschenform erscheinen. Wenn das menschliche Gehirn Engel direkt wahrnimmt, dann ist ein Traum oder eine Vision die Hülle, in der diese Energie den Geist beeinflußt. Wenn eine Energiequelle (Engel) das Gehirn dazu bringen kann, Bilder zu sehen, hat sie möglicherweise auch die Macht, es noch stärker zu beeinflussen. Der Engel könnte imstande sein, den Körper zu beherrschen und ein Verhalten auszulösen, das sich vom normalen sehr stark unterscheidet.

Dies ist eine sehr verbreitete religiöse Überzeugung. In vielen Kulturen spricht man Schamanen und Priestern die Macht zu, Götter und Engel in den eigenen Körper zu rufen, so daß sich in ihnen dieser Aspekt göttlicher Energie lebendig manifestiert. Dasselbe, so glaubt man, geschieht, wenn jemand vom Dämon besessen ist, nur erfolgt in diesem Fall der Übergriff gegen den Willen des Betreffenden, und die Energie ist unerwünscht. Ein moderneres Beispiel für diesen Glauben ist das »Channeling«, bei dem ein spirituelles Wesen in ein Medium schlüpft und Freunden und der Familie Ratschläge erteilt.

Vielen Berichten zufolge treten bei Fällen von Besessenheit oft ungewöhnliche physische Phänomene auf. Oft ist die Rede von Gegenständen, die durchs Zimmer fliegen, ein in einiger Entfernung befindliches Glas zerspringt oder es geschehen andere merkwürdige Dinge. Teilnehmer an Séancen behaupten manchmal, sie erlebten telekinetische Aktivitäten, beispielsweise daß sich ein Tisch hebt. Zwar kann ein geschickter Scharlatan diese Phänomene vortäuschen, doch ist deshalb nicht jedes derartige Ereignis automatisch Schwindel.

Ich habe in meinem Leben einige erstaunliche Dinge gesehen, die man mit den Maßstäben der westlichen Wissenschaft schwierig oder gar nicht erklären kann. So lief ich beispielsweise schon barfuß über eine 1100 Grad Celsius heiße Glut, ohne mir die Füße zu verbrennen. Dies ist, so sagt man mir, wissenschaftlich unmöglich, und doch habe ich es ganz gewiß erlebt. Ich glaube zwar nicht, daß ich in diesem Augenblick von einem Engel »besessen« war, aber ich befand mich doch in einem ungewöhnlichen geistigen und emotionalen Zustand.

Die Griechen und Römer glaubten, daß bestimmte auserwählte Menschen von göttlicher Energie berührt seien. Es hieß, sie seien »von ihrem Genius besessen« – ihrem höchsten göttlichen Selbst. So gesehen sind der Gedanke, daß ein Engel als Traum oder Vision erscheint, und die Vorstellung von einem Engel als körperlichem Wesen keineswegs unvereinbar. Alles ist eine Frage der Intensität. In den ersten beiden Fällen ist der Einfluß des Engels relativ gering, obwohl die Erfahrung sehr ergreifend sein mag. Tritt der Engel körperlich in Erscheinung, ergreift seine Energie von einem menschlichen Wesen Besitz, welches diese dann zum Ausdruck bringt.

Was ist Engelszauber?

In Träumen, Visionen und in Zuständen der »Besessenheit« durch einen Engel spielt der Mensch im Grunde genommen eine passive Rolle. Die Engel kommen und gehen, wie sie wollen, und geben weise Ratschläge und Unterstützung scheinbar nach ihrem eigenen Gutdünken. Engelszauber oder Engelsmagie hingegen ist eine alte Kunst, mit deren Hilfe Menschen mit Ritualen, Gebeten und anderen Praktiken Engel auf die Erde rufen und Kontakt zu diesen herstellen können (wann immer dies notwendig oder sinnvoll ist).

Der Glaube an Engelszauber ist mit religiösen Überzeugungen vereinbar, doch mit Engelszauber wird etwas ganz anderes bezweckt als mit einem religiösen Gebet. Sir James George Frazer zeigt diesen Unterschied in seinem wegweisenden Buch zum Thema Anthropologie »The Golden Bough« ganz deutlich auf. Religion dient der Verehrung und ist passiv. Die an Gott gerichteten Gebete sind demütige Bitten. Engelszauber ist etwas völlig anderes, denn er hat mit Macht zu tun.[4]

Der Engelszauber, wie wir ihn heute kennen, ist weitgehend einer Anzahl von Manuskripten entnommen, die im Mittelalter und in der Renaissance immer wieder kopiert wurden. Diese als »Grimoires« bekannten Manuskripte enthielten komplexe Rituale, die angeblich die Macht hatten, Engel herbeizurufen. Da die Engelsmagie mit den kirchlichen Lehren nicht zu vereinbaren war, wurden vor dem 20. Jahrhundert nur wenige Grimoires veröffentlicht. Abbildung 1 zeigt die Titelseite des ersten bekannten Grimoires, das je veröffentlicht wurde, ein Buch über Engelszauber aus dem Jahr 1565. Ein Verleger wurde darin nicht genannt, denn das Veröffentlichen von magischen Ritualen war für alle Beteiligten gefährlich. Am Ende dieses Buchs finden Sie eine Liste der Grimoires, die innerhalb der letzten dreißig Jahre veröffentlicht wurden.

Ein »Engelszauberer« ist jemand, der Engelszauber praktiziert. Er unterscheidet sich völlig von einem Priester, der zwangsläufig an die theologische Vorstellung gebunden ist, daß einige Engel gut und andere böse sind. Der Engelszauberer teilt vielmehr die Engel in nützlich und unnütz ein. Deshalb enthalten so viele Grimoires – auch die, die an christliche Vorstellungen angepaßt wurden – Anweisungen, wie man sowohl Teufel als auch Engel herbeirufen kann. Der Engels-

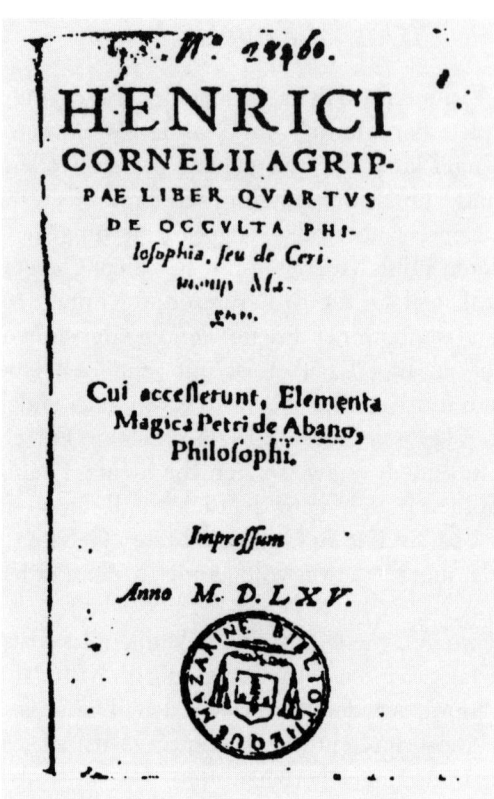

Abb. 1: Titelseite eines Renaissance-Grimoires[5]

zauberer ist weniger an der ethischen Haltung der Engel als vielmehr daran interessiert, die Engel zu beherrschen und ein bestimmtes Ergebnis zu erzielen.

Jeder Engel hat – so steht es in den Grimoires – andere Eigenschaften, Kräfte und Fähigkeiten. Die Grimoires enthalten meist umfangreiche Listen mit Engelsnamen, die jeweils einem Planeten, (Sternen-)Konstellationen, den vier Elementen, verschiedenen Teilen der Erde, ja sogar den Tageszeiten zugeordnet sind. Anhand dieser Listen kann der Engelszauberer ganz exakt den Typ und die Eigenschaft des Engels auswählen, mit dem er in Kontakt treten will.

Über der Masse rangniedrigerer Engel stehen die mächtigen Engel aus den Legenden. In der westlichen Tradition gehören dazu

Michael, Uriel und Gabriel. Ihre Namen sind sehr alt und gehen auf die frühe hebräische Religion zurück. Die Silbe »El« – mit der alle drei Namen enden – war ein althebräischer Name für Gott, und die Elohim, so glaubte man, waren seine Hauptdiener. Der Tradition zufolge kann nur ein sehr mächtiger Zauberer solche Wesenheiten beherrschen. Sogar Doktor John Dee – wohl der größte Engelszauberer aller Zeiten – fühlte sich in ihrer Gegenwart unwohl.

Es gibt zwei Grundvoraussetzungen für den Engelszauber, die aus zwei Quellen stammen: aus dem Volksglauben vieler Kulturen und der hebräischen Kabbala.

Die erste Grundvoraussetzung für die Engelsmagie ist die Überzeugung, daß Menschen die Engel mit Hilfe magischer Waffen beherrschen können. Dieser Glaube ist fast überall auf der Erde verbreitet. Hier einige Beispiele:

– An der Südspitze Südamerikas versuchten die Patagonier den Pockendämon zu vertreiben, indem sie »die Luft mit ihren Waffen peitschten und Wasser verspritzten, um den schrecklichen Peiniger fernzuhalten«.
– An der Nordspitze Nordamerikas lassen die Eskimos ihre »jungen Frauen und Mädchen den Geist mit Messern aus jedem Haus vertreiben. Hierfür stechen diese brutal unter die Betten und in die Rentierfelle und fordern den Dämon auf zu verschwinden«.
– Bei den heidnischen Wotyaks, einem finnischen Volk Ostrußlands, »versammeln sich am letzten Tag des Jahres alle jungen Mädchen des Dorfes. Sie sind mit Stöcken bewaffnet, deren Enden neunfach gespalten sind. Damit schlagen sie in jede Ecke von Haus und Hof und sagen dabei: ›Wir vertreiben Satan aus dem Dorf.‹«
– In Australien vertreiben die Aborigines die Teufel, indem sie mit einem ausgestopften Känguruhschwanz auf den Boden schlagen.[6]

Die zweite Grundvoraussetzung für den Engelszauber ist der Glaube, daß bestimmte Worte – insbesondere die Namen Gottes – die Macht haben, die Engel dem Willen des Engelszauberers zu unterwerfen. In der hebräischen Kabbala heißt es, der Name eines Gegenstandes sei untrennbar mit diesem Gegenstand verbunden. Wenn man etwas bei seinem wahren Namen kennt, hat man völlige Macht darüber. Diese Überzeugung war so stark, daß die Juden sich weigerten, den Namen Gottes auszusprechen oder niederzuschreiben.

Statt dessen versteckten sie diesen geheiligten Namen hinter komplizierten Symbolen und Umschreibungen. Der wahre Name Gottes bestand, so glaubte man, aus zweiundsiebzig Buchstaben und war so mächtig, daß er die Welt zerstören konnte, wenn irgend jemand ihn tatsächlich aussprach.

Die Engelsmagier sind der Ansicht, daß ein Mensch, der mit der richtigen geheiligten Waffe und heiligen Worten ausgerüstet ist, die mächtigsten Engel im Himmel, in der Hölle oder auf der Erde beherrschen kann. Engelsmagie ist aber mehr als nur das – sie ist eine Sammlung formeller Rituale in fünf Grundschritten:

1. *Weihe:* Der Magier baut einen Tempel, in dem die magische Zeremonie stattfinden soll. Meistens handelt es sich dabei um einen magischen Kreis, der mit heiligen Namen und/oder Symbolen beschriftet ist, wie in Abbildung 2.

2. *Anrufung:* Der Magier richtet sein Gebet an die höchste Ebene der Gottheit, das heißt, er hebt sein Bewußtsein auf eine höhere Stufe.

3. *Beschwörung:* Mit einer Kombination aus göttlichen Namen, magischen Waffen und Weihrauchgaben veranlaßt der Zauberer den Engel dazu zu erscheinen.

4. *Gespräch:* Ist der Engel erschienen, so beschreibt und notiert der Magier dessen Handlungen und Worte.

5. *Entlassung:* Der Engelsmagier entläßt den Engel aus dem Raum oder bringt ihn dazu, eine bestimmte Aufgabe zu erfüllen.

Diese fünf Elemente findet man in nahezu allen Grimoires. Die oft komplexen Zeremonien enthalten umfangreiche Anweisungen, Erfordernisse und Vorbedingungen, die angeblich alle entscheidend für den erfolgreichen Abschluß des Werks sind.

Außer den fünf Grundschritten des Engelszaubers tauchen in fast allen Grimoires fünf wichtige Elemente auf, die im folgenden genauer zu betrachten sind:

1. *Zauberformeln:* Das sind spezielle Gebete, mit deren Hilfe die Engel durch die Macht ihres eigenen Namens herbeigerufen werden. Durch diese Zauberformeln sollen sich die Teilnehmer mit der göttlichen Energie des Engels verbinden, den sie rufen wollen. Der En-

Abb. 2: Magischer Kreis aus einem Renaissance-Grimoire[7]

gelszauberer ruft mehrere göttliche Namen, die den Engel erscheinen lassen. Diese Vorgehensweise stammt aus der Kabbala, in der es heißt, daß Worte und die Dinge, die sie bezeichnen, ein und dasselbe sind. Demzufolge verleiht ein geheiligter Name oder der Name Gottes oder eines Engels dem Betreffenden die Macht dieses Gottes oder Engels. Diese Auffassung findet man auch im Neuen Testament, das mit den Worten beginnt: »Im Anfang war das Wort.« Auch im Koran heißt es:

»Und Allah lehrte Adam alle Namen. Hierauf legte er sie den Engeln vor und sagte: ›Tut mir ihre Namen kund, wenn ihr die Wahrheit sagt.‹ Die Engel sagten: ›Gepriesen seist du. Wir haben kein Wissen außer dem, was du uns vermittelst.‹ (…) Und als Adam den Engeln ihre (der Dinge) Namen kundgetan hatte, sagte er: ›Habe ich euch nicht gesagt, daß ich die Geheimnisse von Himmel und Erde kenne? Ich weiß, was ihr kundgebt und was ihr verborgen haltet.‹«[8]

2. *Waffen:* Magische Waffen zwingen die Engel, dem Zauberer, der die Waffen schwingt, zu gehorchen. Das soll hilfreich bei gefallenen Engeln sein, die sonst unter Umständen nicht zu bändigen sind. Der

23

Abb. 3: Magischer Dolch aus einem Renaissance-Grimoire[9]

gut bewaffnete Engelsmagier besitzt zwei Hauptwaffen – den Stab und das Schwert beziehungsweise den Dolch.

3. *Das Hellsehen:* Ein Seher ist jemand, der Engel in einem Kristall, einem schwarzen Spiegel, in den Flammen eines Feuers oder den sich kräuselnden dichten Schwaden von Weihrauch sehen und hören kann. Der Begriff Seher (englisch: »scryer«) hat dieselbe Wurzel wie das veraltete Verb »to descry« (gewahren, erblicken), das soviel wie »deutlich sehen« bedeutet. Ein Seher ist jedoch nicht dasselbe wie ein Medium. In einer Channeling-Trance glaubt ein Medium, es sei tatsächlich von der Wesenheit besessen, die dann durch das Medium spricht. Der Seher macht diese Erfahrung nicht, sondern sieht und hört die Engel so, als befänden sie sich vor ihm. Das heißt aber nicht, daß Engelszauberer kein Medium einsetzen. Einigen Quellen zufolge ist es tatsächlich einfacher, Engel dazu zu bringen, sich in einem menschlichen Medium zu manifestieren als in einem Kristall.

Die Aufgabe, Medium zu sein, scheint jedoch gewisse Gefahren zu bergen, fast so, als sei der Mensch nicht imstande, die Mächte der Engel im Zaum zu halten, die der Magier herbeiruft. Das gilt besonders dann, wenn er allein arbeitet und selbst den Seher spielen muß. Aus der Sicht des Zauberers wäre es eine Katastrophe, wenn der Engel tatsächlich in seinen Körper eindringen und ihn beherrschen würde. Damit wäre die Abfolge der Zeremonie unterbrochen, und der Magier könnte wahrscheinlich nicht mehr übermitteln, was der Engel mitteilen wollte.

4. *Talismane:* Ein Talisman ist ein Gegenstand, den ein Engel mit seiner ihm eigenen Form göttlicher Energie energetisiert hat. Genau wie die geheiligten Namen die Macht haben, Engel herbeizurufen, haben auch Talismane, in die göttliche Namen eingeritzt wurden und die korrekt energetisiert wurden, magische Kräfte.

Im Engelszauber gibt es zwei Arten von Talismanen: schützende und praktische. Schützende Talismane sollen den Engelszauberer beschützen, wenn er Engel beschwört, deren Macht sich schwer kontrollieren läßt oder die dem Menschen besonders gefährlich werden können. Praktische Talismane fertigt der Engelszauberer an, um einen Teil der psychischen Energie des Engels dort zum späteren Gebrauch aufzubewahren. Beispielsweise könnte er auf einen Federhalter Sigillen eingravieren, die dem Planeten Merkur geweiht sind, und dann einen merkurischen Engel in den Federhalter rufen, der den Magier zu wunderschöner Prosa inspiriert.

Nur die Phantasie des Engelsmagiers setzt dem Einsatz von Talismanen Grenzen. Die Grimoires beschreiben ausführlich, wie man Talismane herstellt und verwendet. (Im Anhang finden Sie eine Reihe von Planeten-Talismanen, die bisher noch nicht veröffentlicht wurden.)

5. *Weihrauch:* Angeblich kann ein Engel daraus vorübergehend eine materielle Form bilden. Weihrauchrezepte stehen in vielen Grimoires. In der Antike brachte man oft ein Tieropfer, statt Weihrauch zu verwenden. Es hieß, die Energie des sterbenden Tieres verleihe dem Engel Energie, so daß er sich leichter manifestieren könne.

Engelszauber beinhaltet eine Reihe von Ritualen, mit denen ein Mensch die Vision eines Engelwesens erleben kann. Im Lauf der Zeit ist der Engelszauber um viele Vorstellungen und Symbole bereichert worden, die der Astrologie, der Alchemie, der Theologie, ja sogar der modernen Psychologie entlehnt sind. Die Entstehung und die Veränderung des Engelszaubers über die Jahrhunderte ist eine der interessantesten Entwicklungen in der Geschichte menschlichen Denkens. Dieses Buch spricht davon.

2

Die Ursprünge
des Engelszaubers

Über die Ursprünge des Engelszaubers hat es immer viele Kontroversen gegeben. Da er nicht in die herrschende christliche Lehre paßte, gibt es nicht so viele historische Quellen, wie es wünschenswert wäre. Bei der Datierung einzelner Manuskripte und Rituale des Engelszaubers muß man sich deshalb ebensooft auf die eigene Intuition verlassen.

Die Engelsmagier der Renaissance hielten Engelszauber für eine der ältesten Arten von Gottesverehrung. Ich zitiere den berühmten Engelsmagier der Renaissance, Paracelsus: »Beschwörungen kamen ursprünglich aus Babylon; dort erlebten sie einen großen Aufschwung, gelangten sodann nach Ägypten und von dort zu den Juden und schließlich zu uns, den Christen.«[1]

Als Gelehrte und Okkultisten Ende des 19. Jahrhunderts mit der Veröffentlichung von Grimoires begannen, übernahmen einige von ihnen die traditionelle Datierung. Als Macgregor Mathers seine Übersetzung des »Schlüssel Solomon« veröffentlichte, schrieb er das Werk Salomon selbst zu.[2] Dies war zwar wohl nicht ernst gemeint, aber Mathers war eindeutig davon überzeugt, daß die Rituale in ihrer ursprünglichen Form tatsächlich sehr alt sein mußten. A.E. Waite, der sich ebenfalls mit Engelsmagie beschäftigte, vertrat hingegen in seinem »Book of Ceremonial Magic« die Ansicht, daß die mittelalterlichen Rituale in ihrer Darstellung aus neuerer Zeit stammten.[3] Er hielt es für höchst unwahrscheinlich, daß die Rituale in den Grimoires so alt sein sollten, wie Mathers annahm.

Die Wahrheit liegt irgendwo dazwischen. Bestimmte Elemente der Engelsmagierituale sind eindeutig sehr alt, einige Elemente stammen möglicherweise sogar aus der ägyptischen Engelsmagie, die vor über dreitausend Jahren praktiziert wurde. Andererseits sind Form und Aufbau der Grimoires eindeutig mittelalterlich. Mittelalterliche Kleriker sammelten, veröffentlichten und verbesserten die Rituale, die das wissenschaftliche Denken der Menschen damals widerspiegeln. Das wahre Erbe des Engelszaubers ist in Abbildung 4 dargestellt.

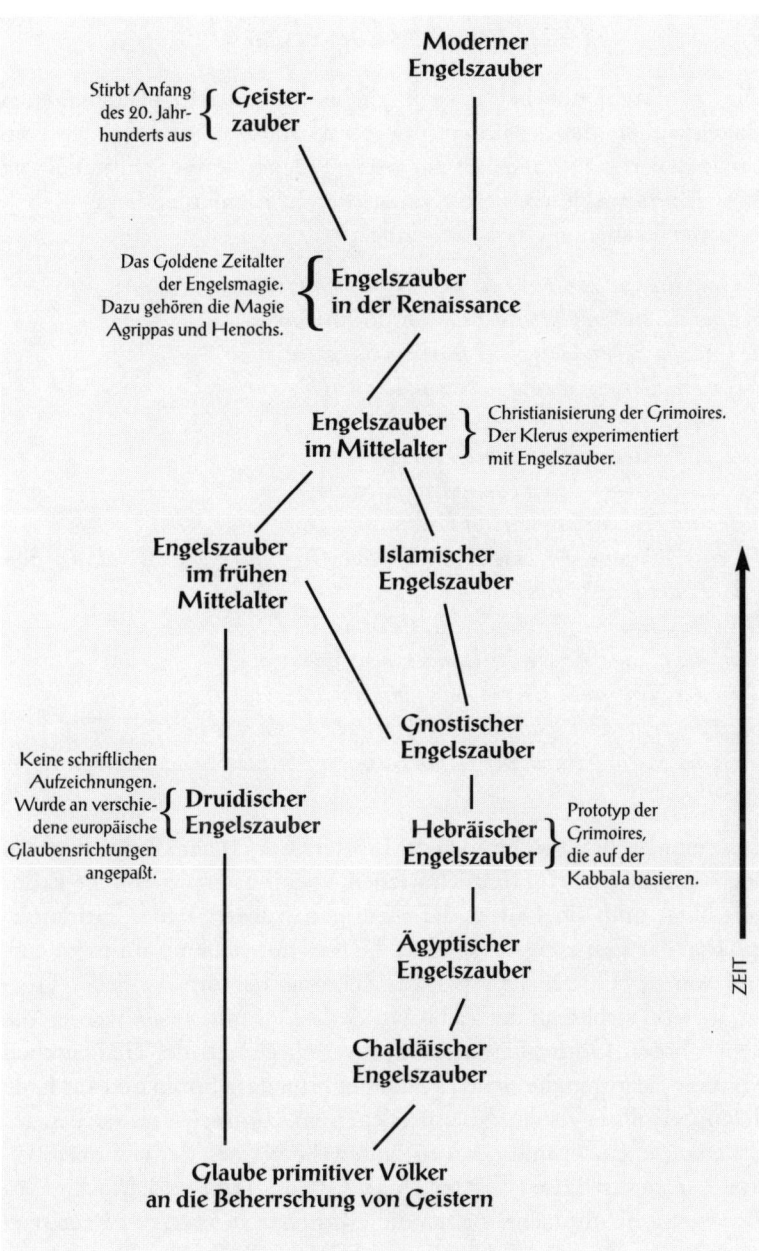

Moderner
Engelszauber

Stirbt Anfang
des 20. Jahr-
hunderts aus { Geister-
zauber

Das Goldene Zeitalter
der Engelsmagie.
Dazu gehören die Magie
Agrippas und Henochs. { Engelszauber
in der Renaissance

Engelszauber
im Mittelalter } Christianisierung der Grimoires.
Der Klerus experimentiert
mit Engelszauber.

Engelszauber
im frühen
Mittelalter

Islamischer
Engelszauber

Gnostischer
Engelszauber

Keine schriftlichen
Aufzeichnungen.
Wurde an verschie-
dene europäische { Druidischer
Engelszauber

Hebräischer
Engelszauber } Prototyp der
Grimoires,
die auf der
Kabbala basieren.

Glaubensrichtungen
angepaßt.

Ägyptischer
Engelszauber

ZEIT

Chaldäischer
Engelszauber

Glaube primitiver Völker
an die Beherrschung von Geistern

Abb. 4: Das Erbe des Engelszaubers

27

Chaldäischer Engelszauber

Die frühesten, uns heute zugänglichen, schriftlich festgehaltenen Engelszauberrituale wurden um etwa 3000 v. Chr. im antiken Chaldäa verfaßt und später auf Steintäfelchen aufgezeichnet. Trotz ihres Alters enthalten diese Zauberformeln Elemente, die man auch in mittelalterlichen Grimoires findet:

Sie sind die sieben Götter des unermeßlichen Himmels;
sie sind die sieben Götter der unermeßlichen Erde;
sie sind die sieben Götter der feurigen Sphären;
die sieben Götter, sie sind sieben an der Zahl;
sie sind die sieben schädlichen Götter;
sie sind die sieben bösen Schreckgeister;
sie sind die sieben bösen Flammengespenster;
sieben im Himmel, sieben auf Erden,
der böse Dämon, der böse Alal, der böse Gigim, der böse Tetal, der böse
    Gott, der böse Maskim.
Geist des Himmels, beschwöre sie, Geist der Erde, beschwöre sie!
Geist des Mulge, König der Länder, beschwöre sie!
Geist der Nin-gelal, Herrin der Länder, beschwöre sie!
Geist des Nin-dar, Sohn des Feuerhimmels, beschwöre sie!
Geist der Sukus, Herrin der Länder, die zur Nachtzeit erglänzt, beschwöre
    sie![4]

Zeile eins bis drei beschreiben die Götter (Engel) der Planeten, die in den »unermeßlichen Himmeln« leben, über die »unermeßliche Erde« herrschen und die Götter der »feurigen Sphären« (der Himmelssphären der Planeten selbst) sind. Daß es nur sieben (und nicht einundzwanzig) Götter sind, geht aus Zeile vier hervor: »die sieben Götter, sie sind sieben an der Zahl«. In Zeile fünf mit sieben werden die sieben bösen Götter beschrieben, die sich gemäß der chaldäischen Mythologie gegen die sieben Planetengötter auflehnten und zur Erde fielen. So gibt es also insgesamt »sieben im Himmel« und »sieben auf Erden«. Zeile acht und neun enthalten die Namen der vier mächtigsten der sieben bösen Götter: Alal, Gigim, Tetal und Maskim. In Zeile zehn bis fünfzehn stehen die göttlichen Namen der Planetenengel Mulge, Nin-gelal, Nin-dar und Sukus, die Sonne, Mond, Jupiter beziehungsweise Venus entsprechen.

Abb. 5: Chaldäischer Engel (aus einer archäologischen Ausgrabungsstätte)[5]

Obwohl diese Zauberformel so alt ist, enthält sie doch viele Merkmale von Beschwörungen, wie wir sie aus viel späteren Ritualsystemen kennen. Erstens werden – genau wie in den mittelalterlichen Grimoires – die Engel den Planeten zugeordnet. Zweitens wird hier die Überzeugung offenkundig, daß die Nennung göttlicher Namen ranghöherer Engel Macht über rangniedrigere Engel verleiht.

Ägyptischer Engelszauber

Andere Kulturen entlehnten das chaldäische Konzept und verbanden es mit ihren eigenen Mythologien und Theologien. Auch die Ägypter glaubten, daß man Engel (Götter) beherrschen könne, indem man die Macht der Namen größerer Engel anrief. Sie glaubten auch, daß sich ein Engelszauberer durch bestimmte Rituale und Gebete in einen beinahe göttlichen Zustand versetzen könne. Die Ägypter erhoben Priester und Pharaonen über die heimischen Geister, indem sie ihnen einen Platz in der Engelshierarchie zuwiesen.[6] Da also ein Mensch zu den Engeln zählen konnte, glaubte man, er könne auch rangniedrigere Engel beherrschen, so wie ein König über seine Untertanen herrscht.

Die Ägypter führten geheimnisvolle magische Namen als Bestandteile ihrer Engelsmagiegebete ein, wie man dem folgenden Exzerpt eines ägyptischen Papyrus entnehmen kann:

Man nehme einen sauberen Leinenbeutel und schreibe darauf die unten angegebenen Namen. Man falte ihn zusammen, drehe daraus einen Docht, gieße reines Öl darüber und entzünde ihn. Folgende Worte schreibe man auf: »*Armiuth. Lailamchouch, Arsenophrephren. Phtha, Archentechtha.*[7]

Der ägyptische Engelszauber war eng mit der Astrologie verbunden und arbeitete mit Zauberstäben, Weihrauch und Opfergaben. Die Ägypter glaubten, daß Engel in folgenden verschiedenen Formen erscheinen können:

- in einer Statue oder einem Bild
- in einem Talisman
- in einem Traum
- in einer Trance (manchmal durch Drogen herbeigeführt)
- als Phantom oder Stimme aus dem Nichts
- in einem Menschen- oder Tierkörper (Besessenheit)
- in einer Leiche oder einem Tierkadaver (Nekromantie)
- als unsichtbares oder teilweise unsichtbares Wesen

Abbildung 6 zeigt wohl einen ägyptischen Engelszauberer, der einen Engel in einer Statue beschwört. Der Magier ist mit einer Art Tierfell bekleidet und hält einen krummen Zauberstab oder Knüppel in der Hand.

Mehrere Beispiele für ägyptischen Engelszauber haben bis in die heutige Zeit überlebt. Ein ägyptischer Papyrus enthält ein Engelsmagieritual, das wahrscheinlich noch aus der Zeit vor 1000 v. Chr. stammt:

Um eine Vision von Besa zu erhalten: Zeichne auf deine linke Hand Besa, wie unten angegeben, wickle deine Hand in einen schwarzen Stoffstreifen und um deinen Hals. Die Tinte, die du zum Schreiben verwendest, muß aus dem Blut einer Kuh, dem Blut einer weißen Taube, frischem Weihrauch, Myrrhe, schwarzer Schreibtinte, Zinnober, Maulbeersaft, Regenwasser und dem Saft von Wermut und Wicke bestehen. Schreibe da-

Abb. 6: Ägyptischer Engelszauberer⁸

*mit deine Bitte vor Sonnenuntergang auf und sprich dazu: »Entsendet den
ehrlichen Seher aus dem heiligen Schrein, ich beschwöre euch Lampsuer,
Sumarta, Baribas, Dardalam, Iorlex: O Herr, entsende die heilige Gottheit
Anuth, Anuth, Salbana, Chambre, Breith, jetzt, jetzt, schnell, schnell.
Komm heute nacht.⁹*

Auch hier sehen wir wieder Elemente des Engelszaubers, die in den
mittelalterlichen Grimoires auftauchen. Ein auf die Hand gemaltes
Bild läßt sofort an Engelstalismane in den Grimoires denken, und
der Gott Besa, ein Zwerg in Tiergestalt, ähnelt der mittelalterlichen
Beschreibung gefallener Engel. Auch von Weihrauch, Kräutern und
aus Tierblut hergestellter Tinte ist in den Grimoires die Rede. Der
ägyptische Engelszauber mußte zu einer bestimmten Tageszeit
durchgeführt werden; ähnliche Einschränkungen sind auch in den
Grimoires beschrieben. Außerdem weisen die magischen Namen in
dem ägyptischen Ritual große Ähnlichkeit mit den kabbalistischen
Namen in den Grimoires auf.

Hier haben wir also den eindeutigen Beweis, daß Engelsmagie, so
wie sie in der Renaissance praktiziert wurde, ihre Wurzeln in den religiösen Praktiken des antiken Ägypten hatte.

Hebräischer Engelszauber

Die alten Hebräer griffen das Erbe der Ägypter auf, formalisierten und verbesserten die Praktiken des Engelszaubers und vermischten sie mit Elementen aus der Kabbala und der jüdischen Mystik. Viele hebräische Legenden über den Engelszauber ranken sich um König Salomon, dem man nachsagt, er habe auch Engel seinem Willen unterworfen. Im »Buch der Weisheit«, einem gnostischen, Salomon zugeschriebenen Text, finden wir die nachfolgende Beschreibung von Salomons Engelszauber:

Die Waffen seines heiligen Amtes schwingend, Gebet und Weihrauch ... nicht mit Körperkraft, nicht mit Waffengewalt, sondern mit dem Wort setzte er sich gegen den Bestrafer [Racheengel] durch, eingedenk der Waffen seines heiligen Amtes, des Gebets und des Weihrauchs ... nicht mit Körperkraft, nicht mit Waffengewalt; sondern mit dem Wort setzte er sich gegen den Bestrafer [Racheengel] durch, eingedenk der Schwüre, die er den Vätern geleistet hatte ... die ganze Welt war auf seinem fließenden Gewand abgebildet, die ruhmreichen Namen der Väter auf den vier mit Edelsteinen besetzten Reihen, und auf der Krone, die er trug, stand »Eure Majestät« (Jahwe).[10]

Dieser Absatz läßt ein genau definiertes System ritueller Engelsmagie vermuten, zu dem geweihte Waffen, Gebete, Schwüre und Zauberformeln gehörten sowie ein mit geheimen Symbolen besticktes Gewand, das das Universum darstellen sollte, und eine Krone, auf der »Jahwe« stand. All diese Elemente findet man auch in den mittelalterlichen Grimoires. Das unter dem Namen »Schlüssel Solomon« bekannte Grimoire beispielsweise führt magische Waffen auf,[11] und in seinen Zauberformeln und Beschwörungen ist die Rede von den Schwüren, die man den hebräischen Vätern leistete.[12] Zu den im »Schlüssel« beschriebenen Gewändern gehören ein mit geheimen Symbolen besticktes Gewand und eine Papierkrone, auf der »Jahwe« geschrieben steht.[13]

Hebräische Engelszauber-Talismane wurden aus Metall, oft auch unter Verwendung von Kräutern oder Blättern hergestellt. Ein Textabschnitt von Josephus Flavius, einem jüdischen Historiker des 1. Jahrhunderts n. Chr., enthält eine eigentümliche Kombination aus Volkskräuterkunde und Engelsmagie:

Er hielt dem Besessenen einen Ring unter die Nase, in den eine Art Wurzel
eingelassen war, deren Geruch ihm den Teufel aus der Nase zog, wie Salo-
mon erklärte; als nun der Mann zu Boden fiel, erwähnte Eleazar (der
Magier) Salomon und sagte Beschwörungen auf, die von Salomon stamm-
ten.[14]

Salomon war nicht der einzige hebräische Weise, der Engelsmagie
praktiziert haben soll. Ein als »Schwert des Moses« bekanntes Manuskript aus dem 4. Jahrhundert n. Chr. enthält die Kurzbeschreibung
eines Engelsmagierituals, das Moses zugeschrieben wird:

Zur Beschwörung eines Geistes schreibe man auf ein Lorbeerblatt: »Ich be-
schwöre den Fürsten, dessen Name Abraxas ist, im Namen לאבוצי, *du*
mögest zu mir kommen und mir all das kundtun, was ich von dir verlange,
und zwar unverzüglich.«[15]

Die alten Hebräer vertraten die Ansicht, daß ein Mensch, der den geheimen Namen von Jahwe kannte, Wunder vollbringen könne, die
ansonsten nur Jahwe persönlich vorbehalten waren. Ein Ausschnitt
aus den Beschwörungen im »Schwert des Moses« verdeutlicht die
Ähnlichkeit der hebräischen Magie mit den Zauberformeln der
Chaldäer:

Mein Wunsch gehe in Erfüllung, und meinem Wort möge gehorcht werden,
und mein Gebet möge durch die Beschwörung mit dem Unaussprechlichen
Namen Gottes erhört werden, dem Ruhm auf der Welt gebührt und durch
den alle himmlischen Scharen verbunden und dem sie verpflichtet sind. Ich
beschwöre euch, mich weder zurückzuweisen noch zu verletzen, mich nicht
zu erschrecken und in Aufruhr zu versetzen, im gewaltigen Namen eures
Königs, dessen Schrecken auf euch lastet.[16]

Wahrscheinlich übernahmen die Hebräer den Glauben an Engelszauber von ihren ägyptischen Oberherren. Die magischen Kräfte, die
Moses und Aaron in der Bibel zugeschrieben werden, lassen vermuten, daß das Interesse der Juden an Magie während der Zeit der Ge-
fangenschaft aufkam. Auch die Nekromantie der Hexe von Endor[17]
deutet auf den Glauben an die Macht von Menschen hin, übernatür-
liche Wesen herbeizurufen.

Die Weiterentwicklung des hebräischen Engelszaubers hängt mit
der Entwicklung der Kabbala zusammen. Die Hebräer formten die

magischen Zauberformeln der ägyptischen Rituale zu einer komplexen Numerologie und dem Glauben, daß sich Gott in einem Wort manifestiere. Der Magier, der die geheimen Namen Gottes kannte, war in der Lage, die Geister und Engel, die Ihm dienten, zu beherrschen.[18]

Zwischen mittelalterlichen Grimoires und dem viel älteren Text des »Schwert des Moses« gibt es viele Ähnlichkeiten. Der Vergleich ist besonders interessant, weil das »Schwert des Moses« nicht wie die Grimoires im frühen Mittelalter nach Europa gelangte, sondern in Syrien in der ursprünglichen Form erhalten blieb. Der »Schlüssel« und das »Schwert« werden den jüdischen Weisen zugeschrieben, die man als Zauberer verehrte. Beide Texte beginnen mit einer Beschreibung des Todes des Verfassers und damit, wie das magische System gerettet wurde. Die Vorbereitungsrituale des »Schlüssels« und des »Schwertes« sind fast identisch. Aus dem »Schwert«:

Wer sich entschließt, es anzuwenden, muß sich zuerst drei Tage vorher von versehentlicher Verschmutzung und allem Unreinen befreien, einmal jeden Abend essen und trinken, dabei darf man das Brot eines reinen Mannes essen oder seine Hände zuerst in Salz [?] waschen und nur Wasser trinken … dreimal täglich beten und nach jedem Gebet den folgenden Segen aufsagen: ›Gesegnet seist du, o Herr unser Gott, König des Universums…‹[19]

Aus dem »Schlüssel«:

Während der letzten drei Tage vor Beginn dieser Aktion mußt du dich mit einer ganz eingeschränkten Ernährungsweise zufriedengeben und darfst nur einmal am Tag etwas zu dir nehmen; am günstigsten wäre es, wenn du nur Brot und Wasser zur Verfügung hättest. Enthalte dich auch aller unreinen Dinge und rezitiere obiges Gebet.

Das Gebet, um das es hier geht, beginnt wie im »Schwert« mit den Worten »O Herr, Allmächtiger Gott…«[20]

Im »Schwert« ist die Rede von einem Siegel, das auf ein Lorbeerblatt geschrieben und bei der Anrufung eines Geistes benutzt wird.[21] Dieses Element ähnelt den Siegeln im »Schlüssel«. Beide Bücher enthalten Beschreibungen über die Verwendung von Kräutern und Talismanen, die magische Wirkung haben sollen. Bei beiden geht es um die Herbeirufung von Engeln und Teufeln. Das ist logisch, weil gemäß der hebräischen Mythologie gute wie auch böse Engel Gott untertan sind.[22] Mit seinen mächtigen Zauberformeln, die die geheiligten Namen Gottes enthalten, kann der Magier gute und böse Geister beherrschen oder mit seiner Magie Nutzen bringen beziehungsweise Schaden anrichten.

Andere Grimoires wie das »Sepher Raziel« und das »Lemegeton« enthalten ebenfalls uralte Elemente, doch wurden ihre Texte mit späteren Zusätzen vermengt. Teile aus dem »Sepher Raziel« sind möglicherweise genauso alt wie der »Schlüssel Solomon«.[23] Das »Lemegeton« wurde jedoch weitgehend christlichen Vorstellungen angepaßt. Trotzdem weisen bestimmte Siegel der »Goetia«, des ersten Teils des »Lemegeton«, Ähnlichkeit mit Inschriften auf antiken Bauwerken auf,[24] was dafür spricht, daß das »Lemegeton« viel älter ist, als bisher angenommen wurde.

S	A	T	O	R
A	R	E	P	O
T	E	N	E	T
O	P	E	R	A
R	O	T	A	S

Abb. 7: Das magische Sator-Rotas-Quadrat[25]

Ein weiteres altes Element der Engelsmagie ist das magische Sator-Rotas-Quadrat (Abb. 7). Das früheste Beispiel dieses Akrostichons findet man auf einer Mauer in Herculaneum, einer der Städte, die 79 n. Chr. beim Ausbruch des Vesuvs zerstört wurden. Unter dem Quadrat befand sich eine dem Gott Saturn geweihte Inschrift. Der »Schlüssel Solomon« enthält einen dem Planeten Saturn geweihten Talisman, der um das Sator-Rotas-Quadrat angeordnet ist.

Dieses magische Quadrat war möglicherweise hebräischen Ursprungs. Ein später erschienenes Grimoire, »Die heilige Magie des

Magiers Abramelin«, bietet eine Variante mit hebräischen Wörtern
(Abb. 8):

S	A	L	O	M
A	R	E	P	O
L	E	M	E	L
O	P	E	R	A
M	O	L	A	S

Abb. 8: Variante des magischen Sator-Rotas-Quadrats[26]

Diese Ähnlichkeiten lassen vermuten, daß die mittelalterlichen Grimoires denselben Quellen entstammen wie das »Schwert des Moses«.
Trotz der Übersetzungs- und Kopierfehler und den Hinzufügungen
späterer Herausgeber sind bei diesem Text die wesentlichen Elemente einiger sehr alter magischer Zeremonien bis in vergleichsweise
moderne Zeiten erhalten geblieben.

Gnostischer Engelszauber

Die Rituale des Engelszaubers verbreiteten sich vom Mittleren Osten
in andere Teile der Welt. Der Eleusinische und verwandte Geheim-
kulte praktizierten diese Kunst wahrscheinlich in ihren geheimen
Orden. Die zoroastrischen Magier und die Pythagoräer verehrte
man allgemein als Zauberer, und auch die Serapis- und Mithras-
priester dürften mit Engelsmagieritualen vertraut gewesen sein.[27]
Trotz des Geheimnisvollen, das diesen Kulten anhaftete, wurde die
Grundvoraussetzung des Engelszaubers – der Glaube, daß ein
Mensch durch die Kraft seiner Gebete Geister beherrschen kann – in
der vorchristlichen Zeit einhellig akzeptiert. Diese Akzeptanz kann
man anhand der im gesamten Mittelmeerraum verbreiteten Exorzis-

muspraktiken ermessen, mit denen man Geisteskrankheit behandelte.

Die gnostischen Sekten der Christen fühlten sich besonders stark zu den Praktiken der Engelsmagie hingezogen. Diese Sekten früher Christen versuchten, die christliche Doktrin mit den älteren Traditionen des Heidentums zu vereinen. Sie waren auch von den Anhängern des Zoroastrismus und den Essenern (einer altjüdischen Sekte) beeinflußt. Die Gnosis entwickelte sich vorwiegend in den östlichen Teilen des Römischen Reiches. Da die Gnostiker den östlichen Traditionen geographisch und theologisch näher standen, übernahmen sie die Praktiken des Engelszaubers vorurteilsfreier als die skeptischen Ableger der westlichen Kirche.

Die Gnostiker gründeten ihren Glauben an Engelsmagie auf Stellen in der Bibel, wo von Jesu Fähigkeit, Teufel zu beherrschen, die Rede ist. Jesus sagt im Markus-Evangelium, daß sein Name wie der von Jahwe Macht über Dämonen habe. Es ist durchaus wahrscheinlich, daß die frühen Christen eine Form von Engelszauber praktizierten. Die frühe Kirche jedoch nahm letztendlich eine feindliche Haltung gegenüber der Engelsmagie ein, die daraufhin – zumindest eine Zeitlang – aus der christlichen Dogmenlehre verschwand.

Ein Abschnitt aus der Apostelgeschichte veranschaulicht die ambivalente Haltung der frühen Kirche gegenüber dem Engelszauber:

Es unterstanden sich aber etliche der umherziehenden Juden, die da Beschwörer waren, den Namen des Herrn Jesus zu nennen über denen, die da böse Geister hatten, und sprachen: Ich beschwöre euch bei dem Jesus, den Paulus predigt. [...] Aber der böse Geist antwortete und sprach: Jesus kenne ich wohl, und von Paulus weiß ich wohl; wer seid ihr aber? Und der Mensch, in dem der böse Geist war, sprang auf sie und ward ihrer aller mächtig und warf sie unter sich, so daß sie nackt und verwundet aus dem Hause flohen.[28]

Die Geschichte von den Gaben der Weisen aus dem Morgenland läßt ebenfalls vermuten, daß den Biographen von Jesus klar wurde, wieviel er den zoroastrischen Magiern verdankte, die die antiken chaldäischen Rituale übernommen hatten und am Leben erhielten. In diesem Zusammenhang ist die Feststellung interessant, daß die chaldäischen Zauberformeln und Jesu Exorzismen in erster Linie einem medizinischen Zweck dienten.

Gnostische Engelsmagie setzt die hebräische Thematik fort und liefert viele Elemente aus den mittelalterlichen Grimoires. Ein antiker gnostischer Text mit dem Titel »Titellose Apokalypse« enthält das folgende Versprechen an gnostische Anhänger:

Beharret in meinem Wort, so werde ich euch das ewige Leben geben und euch Kräfte senden und ich werde euch in Kraftgeistern befestigen und euch eine Gewalt geben, welche euch gefällt. Und niemand wird euch an dem, was ihr wünschet, hindern, und ihr werdet euch Äonen, Himmel und Welten erzeugen, damit die intellektuellen Geister kommen und in ihnen wohnen. Und ihr werdet Götter sein und ihr werdet wissen, daß ihr von Gott stammt ...[29]

In diesem Abschnitt gewährt das Wissen um den unaussprechlichen Namen (»Mein Wort«) die Macht über »intellektuelle Geister« (Engel, die dem Geist Gottes entstammen). Die Äonen, Welten und Himmel, die der Magier »erzeugen« wird, sind höchstwahrscheinlich Darstellungen der Siegel und Talismane des Universums, in denen die Geister weilen sollen. Die Verbindung von gnostischer Engelsmagie zu früheren Systemen besteht in der Annahme, daß sich der Engelszauberer in einen göttlichen Zustand versetzen kann, wenn er sich durch die Verwendung des unaussprechlichen Namens auf dieselbe Ebene wie die Gottheit begibt.

Im Gegensatz dazu betrachteten die orthodoxen Zweige der Kirche die Praktiken des Engelszaubers mit einem gewissen Widerwillen. Ihre eigene Kultur kannte nur die primitivste Form von Geisterbeherrschung.[30] Die mystischen Ziele des gnostischen Magiers erschienen ihnen fremd und bizarr, und die »intellektuellen« Geister erinnerten sie allzusehr an die bekannten heidnischen Götter.

Die Geschichte vom Zusammentreffen des Paulus mit Simon Magus, dem angeblichen Begründer der Gnosis, veranschaulicht diese skeptische Einstellung.

Simon Magus stand in dem Ruf, viele magische Fähigkeiten zu besitzen, darunter folgende[31]:

– Er konnte sich unsichtbar machen.
– Er konnte aus Luft einen Menschen erschaffen.
– Er ging ungehindert durch Felsen und Berge hindurch.
– Er überlebte unverletzt den Sturz in einen Abgrund.
– Er flog durch die Luft.

Abb. 9: Engel aus einem spätgnostischen Manuskript[32]

- Er stürzte sich ins Feuer, ohne sich dabei zu verbrennen.
- Er zerbrach Riegel und Ketten.
- Er belebte Statuen, so daß sie jedem Betrachter wie lebendige Menschen erschienen.
- Er verrückte das Mobiliar im Haus.
- Er nahm das Aussehen und die Züge eines anderen Menschen an.
- Er verwandelte sich in ein Schaf, eine Ziege oder eine Schlange.
- Er ging in Begleitung vieler merkwürdiger Gestalten durch die Straßen, die, so behauptete er, die Seelen der Verstorbenen seien.
- Er ließ an einer beliebigen Stelle plötzlich Bäume und Zweige sprießen.
- Er ernannte ganz nach Belieben Könige und entthronte sie.
- Er hieß eine Sichel in ein Kornfeld gehen, die, ohne von Menschenhand geführt zu sein, zweimal so schnell mähte wie der fleißigste Schnitter.

Auf die Bitte, Paulus seine Macht zu beweisen, befahl Simon seinen Geisthelfern, ihn über der Erde schweben zu lassen. Paulus aber befahl den Geistern, den Magier fallen zu lassen, und so fand er den Tod.[33] Dieses magische Duell steht symbolisch für den Konflikt zwischen der anerkannten Kirche und den ketzerischen Gnostikern.

Obwohl die Lehren Christi auch die Grundvoraussetzungen des Engelszaubers enthielten und die Gnostiker die antiken Rituale an die christliche Mythologie angepaßt hatten, verwarf die anerkannte Kirche schließlich den Glauben, ein Mensch könne wie ein Engel werden und über andere Engel befehlen.

Dies hinderte die Gnostiker nicht daran, den Engelszauber zu einem komplexen System von Ritualen und Gebeten weiterzuentwickeln. Sie führten die magischen Quadrate in die Tradition des Engelszaubers ein. Abbildung 10 zeigt ein gnostisches magisches Quadrat, das dem Träger angeblich nicht nur Macht über Engel, sondern auch über andere Menschen verlieh.

α	ε	η	ι	ο	υ	ω
ε	η	ι	ο	υ	ω	α
η	ι	ο	υ	ω	α	ε
ι	ο	υ	ω	α	ε	η
ο	υ	ω	α	ε	η	ι
υ	ω	α	ε	η	ι	ο
ω	α	ε	η	ι	ο	υ

Abb. 10: Gnostisches magisches Quadrat[34]

Die Gnostiker waren anscheinend auch die ersten Zauberer, die Geheimschriften benutzten, um die Heiligkeit der magischen Namen zu bewahren. In der Zeit vor den Gnostikern war solch eine Geheimhaltung wahrscheinlich unnötig, da die meisten Menschen Analphabeten waren. Eines der frühesten Beispiele für ein magisches Alphabet erscheint auf einem gnostischen Artefakt aus dem 3. Jahrhundert n. Chr. Der darauf befindliche Talisman (Abb. 11) stellt ein

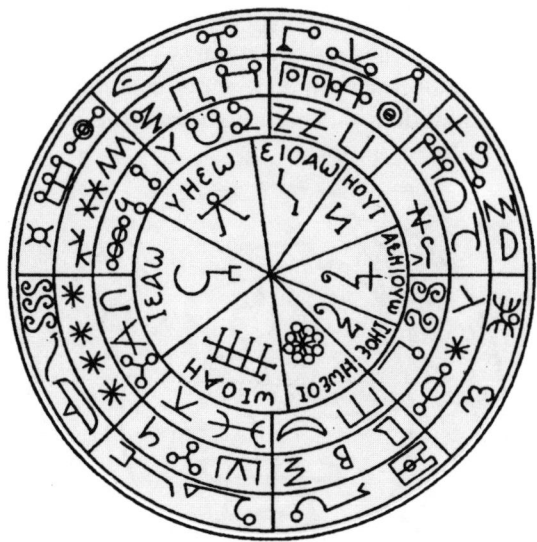

Abb. 11: Gnostischer magischer Talisman[35]

wesentliches Verbindungsglied zwischen gnostischen Talismanen und den mittelalterlichen Grimoires dar. Die drei äußeren Kreise sind in zweiunddreißig Segmente aufgeteilt, die jeweils für einen Buchstaben des griechischen Alphabets stehen. Die Schriftzeichen innerhalb jedes einzelnen Segmentes sind esoterische Formen des Buchstaben und nur für Eingeweihte zum Gebrauch bestimmt. Für viele Buchstaben gibt es mehrere Schreibweisen. Wahrscheinlich handelt es sich hierbei um einen ausgeklügelten Rotationscode, bei dem der Buchstabe bei seinem ersten Auftauchen durch die erste Schreibweise, beim zweiten Mal durch die zweite Schreibweise und so weiter ersetzt wird, bis alle verfügbaren Kombinationen durchlaufen sind.

Der Innenkreis enthält eine Zauberformel, bei der man sofort an eine Verwandtschaft mit dem griechischen Akrostichon von Abbildung 10 denkt. Wenn man die Wörter ausschreibt, ergeben sie einen Heul- oder Klagelaut. Die Zeichen im Innenkreis stehen in direktem Bezug zu Buchstaben und Talismanen in den Grimoires. Die Glyphe eines Menschen mit ausgestreckten Armen ist identisch mit Glyphen, die mit der Abbildung in der Mitte des Geheimen Siegel des Salomon im »Lemegeton« verbunden sind (Abb. 12). Auch dieses

41

Siegel ist von alphabetischen Schriftzeichen eingerahmt. Andere Glyphen im mittleren Kreis des Artefakts weisen eine erstaunliche Ähnlichkeit mit Schriftzeichen im berühmten Pentakel des Salomon auf, das ebenfalls aus dem »Lemegeton« stammt (Abb. 13).

Abb. 12: Geheimes Siegel des Salomon[36]

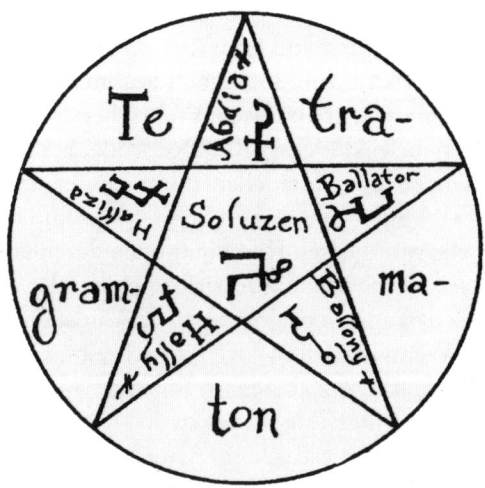

Abb. 13: Pentakel des Salomon[37]

Auf gnostischem Schmuck standen oft die göttlichen Namen hebräischer Magie. Die Gnostiker erfanden auch Talismane mit geo-
metrischen Konfigurationen, um die Macht über Engel darzustellen.
Dies galt als Ausdruck einer allgemeinen Abwendung von den einfachen Talismanen der Hebräer, Ägypter und Chaldäer hin zu den
komplexen graphischen Darstellungen, die man in späteren Werken
über Engelszauber findet.

Die herrschende Kirche kam schließlich zu der Ansicht, daß die
gnostische Ketzerei eine Bedrohung darstellte. Die Magier der spätgnostischen Periode sahen sich großen Verfolgungen ausgesetzt. Der
Militärapparat des christianisierten Römischen Reiches wurde mobi-
lisiert, um Tempel zu zerstören, gnostische Priester zu ermorden und
ketzerische Dokumente zu verbrennen.

Im 16. Jahrhundert war die Gnosis – und damit ein Großteil der
gnostischen Tradition des Engelszaubers – fast vollständig ausge-
merzt, doch dies sollte nur ein vorübergehender Zustand bleiben.

3
Wie der Engelszauber überlebte

Der Engelszauber geriet in Westeuropa in Mißkredit. Er war nicht länger Teil der religiösen Lehren der anerkannten Kirche, und wer ihn praktizierte, wurde als Ketzer verfolgt. Trotzdem hielten einige Leute weiterhin an der Vorstellung fest, Menschen könnten Engel beherrschen. Man stufte diese Lehren jetzt aber als heidnisch und nicht christlich ein und hielt die Engel, die man auf diese Weise rief und beherrschte, für Teufel.

Engelszauber im frühen Mittelalter

Die Einstellung zum Engelszauber in dieser Zeit spiegelt ein Volksmärchen von Merlin aus der Zeit des frühen Mittelalters wider:

Merlin dachte sich einen Plan aus, um seine Heimatstadt Caermarthen mit einer Mauer aus Messing zu umgeben. Zur Verwirklichung dieses Projekts verpflichtete er viele Geister, die unterirdisch in einer nahegelegenen Höhle arbeiteten. Ungefähr zu dieser Zeit wurde Merlin jedoch von Viviane in seinem Grab gefangen. Inzwischen waren die Dämonen in ihrer Höhle am Werk, und da ihnen ihr Meister befohlen hatte, erst bei seiner Rückkehr die Arbeiten einzustellen, arbeiteten sie ewig weiter. Wer an dieser Stelle vorbeikommt und sein Ohr dicht an den Höhleneingang legt, vernimmt ein entsetzliches Klirren von Eisenketten und Messingkesseln, laute Hammerschläge und das Klirren des Ambosses, in das sich das Keuchen und Stöhnen der Arbeiter mischt. Dies bringt angeblich jeden um den Verstand, der so mutig oder so unvorsichtig ist, sich diesen Lärm anzuhören.

Ein weiterer berühmter Engelszauberer des frühen Mittelalters war der heilige Dunstan. Diese Kirchenpersönlichkeit wird mit der Abtei von Glastonbury in Verbindung gebracht, in der König Artus begraben sein soll. Dunstan, so geht die Sage, verbrachte seine Jugendjahre mit Prostituierten und führte ein Leben in Sünde. Ungeachtet dessen soll er ein sehr intelligenter, ehrgeiziger Mensch gewesen sein, der sich im Handumdrehen jede Fertigkeit und Kunst aneignete, auf die er seine Aufmerksamkeit richtete. Einst befiel ihn eine gefährliche Krankheit, die seine Ärzte vor ein Rätsel stellte. Als er schon auf dem Sterbebett lag, sah man einen Engel, der ihm eine Arznei brachte, die ihn augenblicklich heilte. Der spätere Heilige erhob sich sofort von seinem Bett und eilte zur nächsten Kirche, um Gott für seine Genesung zu danken. Unterwegs erschien ihm in einer Vision der Teufel, umgeben von einer Meute schwarzer Hunde, der ihn von der Kirche fernhalten wollte. Mit dem Stab, den er in der Hand hielt, vertrieb Dunstan jedoch die Vision.[1]

Interessant an dieser Geschichte ist das Vorkommen eines wesentlichen Elementes der Engelsmagie: die Verwendung eines Stabes oder einer Waffe, um einen Geist zu beherrschen. Diese Legende sowie andere, ähnlich lautende Geschichten über Merlin und andere Zauberer läßt vermuten, daß der Glaube an den Engelszauber nicht ausgelöscht, sondern nur in den Hintergrund gedrängt war.

Daß die Engelsmagie im frühen Mittelalter überlebt hat, sehen wir noch deutlicher an einem eigentümlichen Manuskript aus dem 11. Jahrhundert, das in der Nationalbibliothek Wien aufbewahrt wird (Codex 1761). Es enthält ein ziemlich entstelltes Alphabet mit hebräischen Buchstaben, das wahrscheinlich durch mehrmaliges Kopieren überliefert wurde. Vermutlich war das Manuskript ein Überbleibsel von Unterlagen, die irgendwo in Europa bewahrt wurden. Diese Annahme wird durch die Tatsache bestärkt, daß das Manuskript ein Alphabet mit keltischen Runen enthält, die mit Sicherheit nicht in ein arabisches Manuskript übernommen worden wären. (Die Alphabete aus diesem Manuskript finden Sie im Anhang.) Das Manuskript enthält auch viele Abbildungen von interessanten Talismanen, die mit Buchstaben versehen sind und ein einzelnes Siegel oder Monogramm bilden. Der Talisman in Abbildung 14 beispielsweise wird als der Kreuzigung geweiht beschrieben und soll Frieden zwischen Feinden schaffen können. Diese Art von Monogramm-Talisman ähnelt dem traditionellen Altarkreuz vieler katholischer und Episkopalkirchen. Dort besteht es aus den griechischen Buchstaben für »Christus«.

Dieses Manuskript aus dem 11. Jahrhundert zeigt, daß einige Grundprinzipien des Engelszaubers in Westeuropa trotz wiederholter Verfolgungen überlebten. Dies ist jedoch höchst ungewöhnlich und nicht typisch für die Hauptströmung der europäischen Kultur. Eher könnte man sich vorstellen, daß auf dem fruchtbaren Boden Westeuropas die Samen der Engelsmagie, waren sie erst einmal gesät, schnell das Interesse weckten und diese an Beliebtheit zunahm.

Abb. 14: Mittelalterlicher Talisman mit Monogramm[2]

Islamischer Engelszauber

Der Engelszauber der Hebräer und Gnostiker überlebte praktisch unverändert im islamischen Reich, und zwar wahrscheinlich deshalb, weil die ursprünglichen chaldäischen Rituale dort entstanden waren und die Erinnerung an die Engelsmagie in der Volkskunde tief verankert war. Außerdem war die Engelsmagie in diesem Teil der Welt nicht so strengen Verfolgungen ausgesetzt. In einer Beschreibung von magischen Texten in der Bibliothek von Babylon im 10. Jahrhundert heißt es, daß es »unzählige« Abhandlungen zum Thema Engelsmagie gab, die »den unaussprechlichen Namen und andere ähnliche geheimnisvolle Engelsnamen enthielten … Bücher mit diesen schrecklichen ehrfurchtgebietenden Namen und Siegeln, die jene furchtbare

Abb. 15: Engel aus einem persischen Manuskript des 8. Jahrhunderts[3]

Wirkung auf die Ungerufenen gehabt haben und vor deren leichtfertigem Gebrauch unsere Ahnen aus Angst vor Strafe zurückschreckten.«[4]

Die islamischen Engelsmagier erweiterten das Zubehör zur Engelsmagie. Sie verbreiteten das magische Quadrat und erfanden darauf basierende Talismane.[5] Sie verwendeten auch in zunehmendem Maß Buchstaben für die einzelnen Planeten – sieben magische Namen, die jeweils einem Planeten geweiht und in einem magischen Alphabet verschlüsselt waren.* Diese Schriftzeichen tauchen oft in mittelalterlichen Grimoires in Europa und dem Nahen Osten auf. Die Beispiele in den europäischen Exemplaren sind jedoch entstellt, da vermutlich einige Buchstaben bereits einschneidend abgewandelt worden waren.

Das islamische Reich bewahrte nicht nur die Rituale der Engelsmagie, sondern brachte sie auch in die von ihm eroberten Teile der Welt. Die Literatur zum Thema Engelsmagie verbreitete sich in ganz Nordafrika und bis nach Spanien. Die Popularität dieser Strömung läßt sich daran ermessen, daß ein islamischer Prinz in seinem spanischen Palast insgesamt 60 000 Bände zusammentrug.[6] Eine derart umfangreiche Bibliothek enthielt sicherlich viele Abhandlungen zur Engelsmagie, deren es »unzählige« in der Bibliothek in Babylon gegeben haben soll.

Kein Wunder, daß Spanien schnell das europäische Zentrum für das Studium der »verbotenen Künste« wurde, zu denen damals auch Mathematik, Astrologie, Alchimie und Engelszauber gehörten. Zu jener Zeit begann sich das in den islamischen Texten erhaltene gnostische und hebräische Material im übrigen Europa zu verbreiten. Die ersten lateinischen Übersetzungen arabischer und aramäischer magischer Texte wurden zwischen dem 10. und 12. Jahrhundert von spanischen Juden und Mitgliedern des katholischen Klerus aus Spanien, Italien und Frankreich angefertigt. Zumindest ein lateinisches mittelalterliches Grimoire, die »Picatrix«, existiert noch in der arabischen Originalfassung, obwohl es viele textliche Abweichungen gibt.[7]

Die alten Engelszauberrituale fanden wohl schon im 10. Jahrhundert Eingang in die christliche Tradition. Im Jahr 967 reiste ein jun-

---

* Hierbei wurde ein Buchstabe aus dem magischen Alphabet durch den entsprechenden Buchstaben im richtigen Alphabet ersetzt.

ger italienischer Mönch namens Gerbert von Aurillac nach Spanien und stellte dort eine Bibliothek mit Schriften zur arabischen Mathematik, Geometrie und Astrologie[8] zusammen, Themen, die alle einen engen Bezug zur Engelsmagie hatten. Gerbert soll die arabischen Zahlen sowie den Gebrauch von Uhren im christlichen Europa eingeführt haben. Wahrscheinlich stieß er damals auf arabische Manuskripte zur Engelsmagie und kopierte einige davon.

Über den unternehmungslustigen jungen Gelehrten kursierten zahlreiche interessante Gerüchte. Mit Hilfe eines sprechenden Messingkopfes, den Gerbert angeblich selbst angefertigt hat, soll er viele schwierige Fragen gelöst haben. Mit diesem Engelsorakel, so heißt es, soll er mehrere verborgene Schätze entdeckt und Visionen von einem magischen unteriridischen Palast beschworen haben. Diese Lehrjahre haben seiner Karriere offenbar gutgetan, denn er wurde schon in jungen Jahren zum Erzbischof von Reims ernannt. Später wurde er ein Günstling des Heiligen Römischen Kaisers Otto III., mit dessen Fürsprache Erzbischof von Ravenna und im Jahr 999 schließlich Papst unter dem Namen Silvester II.

Gerbert wurde, so heißt es, gewöhnlich von Engeln bedient und erlangte mit ihrer Hilfe die Papstkrone.[9] Seine Feinde behaupteten, er habe dem Teufel seine Seele verkauft, der ihm hoch und heilig versprach, er werde so lange leben, bis er die Hohe Messe in Jerusalem zelebriert habe. Gerbert starb tatsächlich kurz nachdem er offiziell das Sakrament in der Kirche »Zum heiligen Kreuz von Jerusalem« (Santa Croce in Gerusalemme), einem der sieben Bezirke der Stadt Rom, gehalten hatte.

Dies geschah im Jahr 1003.[10] Einige Jahre nach Gerberts Tod behauptete ein gewisser Kardinal Bembo, Gerbert habe mit Dämonen Gespräche geführt und seinen Nachfolgern diese Kunst beigebracht.[11]

Einer von Gerberts Nachfolgern, Gregor VII., soll ebenfalls ein Engelszauberer gewesen sein. Er gehörte zu den großen Kirchenmännern und erließ das Gesetz vom Zölibat des Klerus. Kein Wunder, daß Gregor als besonders streng und unnachgiebig bekannt war. Auch soll er die Kunst der Magie so vollendet beherrscht haben, daß er mit einer Armbewegung Blitze niederfahren ließ und Donner aus dem Ärmel schütteln konnte.

Interessant und vielleicht bezeichnend ist, daß die Volkserzählungen die Päpste mit dem Engelszauber in Verbindung bringen, denn er war innerhalb der Kirche sehr beliebt. Kurz nach Gregors Zeit gibt es eindeutige Anzeichen dafür, daß Texte über Engelsmagie ins übrige Europa gelangten. Anfang des 11. Jahrhunderts tauchte die gnostische Häresie wieder in Italien auf[12], und dort und in Frankreich, den beiden Ländern, die dem islamisch beeinflußten Spanien am nächsten lagen, erzählte man sich Geschichten über Engelsmagie. Hier ein Augenzeugenbericht einer magischen Zeremonie, die im Frankreich des 11. Jahrhunderts stattfand:

Alle hielten ein Licht in der Hand und sangen die Namen von Dämonen, bis sie plötzlich sahen, wie mitten unter ihnen ein Dämon in Tiergestalt herabstieg.[13]

Mittelalterlicher Engelszauber

Ende des 12. Jahrhunderts gab es in Europa bereits eine Vielzahl lateinischer Grimoires, darunter wahrscheinlich schon die frühen Ausgaben des »Schlüssel Solomon«, des »Lemegeton« und des »Sepher Raziel«. Die Praktiken der Engelsmagie waren beim katholischen Klerus verbreitet, so etwa in Frankreich um das Jahr 1169: Damals wurde ein Priester angeklagt, weil er einen Astrologen aufgesucht und mit diesem zusammen einen Dämon herbeigerufen hatte.[14]

Wie abzusehen war, hatte die Wiederentdeckung dieser Rituale beträchtlichen Einfluß auf die theologische Haltung der damaligen Zeit. Die konservativeren Kleriker standen einem Ritensystem, das einem Priester Macht über Engel verlieh, eher skeptisch gegenüber; die radikaleren und experimentierfreudigeren aber nahmen die Grimoires als Fragmente hebräischer Lehren an und räumten ihnen möglicherweise denselben Stellenwert wie dem Alten Testament ein.

Die neue Generation klerikaler Engelszauberer begnügte sich nicht mit den alten Ritualen. Dem damaligen Zeitgeist entsprechend übernahmen und veränderten sie sie, damit sie besser in das katholische Religionssystem und die herrschende Gesellschaftsordnung paßten. Das Grimoire mit dem Titel »Lemegeton« beispielsweise ist ein arabisches Ritualsystem, das an die westeuropäische Kultur angepaßt wurde. In vergleichsweise unveränderten Texten wie dem »Schlüssel Solomon« werden die Geister, die der Magier heraufbe-

Abb. 16: Sigille des Padiel aus dem »Lemegeton«[15]

schwört, nicht mit Namen genannt. Im »Lemegeton« hingegen werden sie nicht nur genannt, sondern bekommen auch königlichen Rang und persönliche Siegel verliehen, die Miniatur-Wappen ähneln (siehe Abb. 16). Die Vorstellung von königlichen Dämonen, die Legionen rangniedrigerer Geister befehligen, paßte zu der mittelalterlichen Auffassung von politischer Ordnung.

Andere Elemente im »Lemegeton« sind hingegen sehr alt, wie beispielsweise die Aufteilung der Geister in sieben Planetengruppen[16] und die Ähnlichkeit der Beschwörungen mit denen in hebräischen Ritualsystemen:

Und bei diesem unaussprechlichen Namen TETRAGRAMMATON JE-HOVAH, bei dessen Klang die Elemente zu Fall gebracht werden, die Luft erschüttert wird, das Meer zurückweicht, das Feuer erlischt, die Erde bebt und alle Himmels-, Erden- und Höllenwesen zittern und unruhig und verwirrt werden, befehle ich dir … Deshalb erscheine friedlich und freundlich ohne Säumen, um mein Begehren laut und deutlich zu offenbaren.[17]

Wie sich die Christianisierung in der Folgezeit auswirkte, sieht man deutlich an einer Zauberformel aus einer späteren Version des »Lemegeton«, die Reginald Scots Buch »Discoverie of Witchcraft« aus dem Jahr 1584 entnommen ist:

O allmächtiger Vater, o weiser Sohn, o Heiliger Geist, der Sucher der Herzen, o du Dreifaltigkeit, die einzige wahre Gottheit … bei diesen heiligen Namen deines Sohnes, und zwar ALPHA und OMEGA und all seinen anderen Namen, gewähre mir deine Tugend und Macht, damit ich deine Geister vor mich rufen kann, die aus dem Himmel verstoßen wurden.[18]

Obwohl zwischen dieser christianisierten Beschwörung und ihren chaldäischen Wurzeln tausend Jahre liegen, bleibt die wichtigste Prämisse – daß der Name des höchsten Gottes Macht über niedrigere Wesen verleiht – unverändert. Sowohl das Grundkonzept des Engelszaubers als auch bestimmtes zeremonielles Zubehör sind über Jahrhunderte hinweg geblieben, wohingegen von den meisten anderen, etwa von ungefähr gleich alten Formen theologischen Glaubens und Aberglaubens, nichts mehr übrig ist.

Trotz der Versuche, den Engelszauber zu christianisieren, waren die konservativen Kirchenmitglieder dagegen. Nicht weil sie seine Realität in Frage stellten, sondern weil sie ihn aus vielerlei Gründen für unethisch hielten. Zu jener Zeit herrschte ein extremer Antisemitismus, und alles Jüdische war automatisch verdächtig. Engelsmagie wies eindeutig hebräische Elemente auf und wurde daher automatisch als gefährlich eingestuft. Die Grimoires enthielten gnostische Elemente, die selbst in dieser späten Epoche nach Ketzerei rochen. Die Fähigkeit, Geister zu beherrschen, gehörte immer noch zum Machtbereich der legendären heidnischen Zauberer, war aber keinesfalls christlich legitimiert. Mit der Besetzung Palästinas hatten die Templer Zugang zu den Bibliotheken des islamischen Reiches bekommen;[19] infolgedessen brachte man sie mit Engelsmagie in Zusammenhang, und als sie dann verfolgt wurden, geriet die Engelsmagie noch mehr in Verruf. Imitationen von Grimoires tauchten nun auf, in denen von schwarzen Messen und Menschenopfern die Rede war – Elemente, die in den ursprünglichen Grimoires fehlten.

Der bloße Verdacht genügte schon, um schuldig zu sein. Die anerkannte katholische Kirche kam zu der Auffassung, Engelszauber sei lediglich ein Werkzeug des Teufels, dem man nur mit Inquisition und Verfolgung den Garaus machen könne. Die Wiedergeburt der Engelsmagie endete genauso wie die alten gnostischen Praktiken – mit Verfolgung und Tod. Bereits Anfang des 14. Jahrhunderts hatte die anerkannte Kirche entschieden, daß das Praktizieren von Engelsma-

Abb. 17: Engel und Dämonen, mittelalterliche Darstellung[20]

gie ketzerisch war. Die Besitztümer der Templer wurden beschlag-
nahmt und ihre Mitglieder vor Gericht gestellt.[21] Zur selben Zeit
griff die Kirche hart gegen den Engelszauber durch. Im Jahr, 1318
veröffentlichte Papst Johannes XXII. eine Bulle, in der er acht italie-
nische Priester verurteilte:

*[Sie] haben sich auf das dunkle Geschäft der Nekromantie, Geomantie und
andere magische Praktiken eingelassen und besitzen Schriften und Bücher,
die von diesem Thema handeln ... Entsprechend ihren Zeremonien, die
man ihnen zur Last legt, haben sie bestimmte Spiegel und Bilder geweiht,
[sie] machen nicht selten Gebrauch von derartigen Gegenständen und set-
zen sich in Kreise, von denen aus sie häufig böse Geister heraufbeschwören.
Gelegentlich schließen sie darüber hinaus in Spiegeln, Kreisen oder Ringen
Teufel ein, die ihnen ihre Fragen zu Vergangenheit und Zukunft beantworten sollen ... Haben sie diese bösen Geister beschworen, führen sie alle
möglichen merkwürdigen Experimente aus, die mit dem Teufel zu tun
haben.[22]*

In der Bulle wird im folgenden erwähnt, daß selbst Personen aus dem Umkreis des Papstes persönlich ähnliche »Gräßlichkeiten« begangen hätten. Daß die Engelsmagie unter den Augen den Papstes praktiziert wurde, zeigt, wie verbreitet sie beim Klerus war.

Im Jahr 1326 versetzte Johannes XXII. den Engelszauberpraktiken des Klerus den Todesstoß mit einer Bulle, die ausdrücklich, unter Androhung der Exkommunizierung, Engelsmagie und Alchimie verbot.[23] Die Engelsmagie wurde daraufhin aus der Kirche und ihrem Dogma praktisch verbannt. Katholische Exorzismusrituale sind ein Überbleibsel dieser Praxis, die überlebt haben, weil sie – anders als der Engelszauber – von den Inquisitoren selbst eingesetzt wurden, etwa um angeklagte Hexen zu foltern.

Bald verfolgte die anerkannte Kirche die Engelsmagie auch außerhalb des Klerus. Nach dem Tod von Pietro d'Abano, einem berühmten Engelszauberer, verfügten die Inquisitoren der katholischen Kirche, daß seine Gebeine ausgegraben und öffentlich verbrannt werden sollten. Einige seiner Freunde bekamen Wind von der Sache und ersparten ihm die bevorstehende Schande, indem sie seine sterblichen Überreste fortschafften. Aus Enttäuschung darüber verbrannten die Inquisitoren daraufhin eine Puppe, die ihn darstellte.[24]

Engelszauber in der Renaissance

Von nun an nahm die Kirche eine unerbittliche, feindselige Haltung gegenüber der Engelsmagie an, doch diese starb nicht aus. Im Gegenteil, man begann sie mit dem Humanismus in Verbindung zu bringen, und dies leitete so etwas wie das Goldene Zeitalter des Engelszaubers ein, nämlich die Zeit der Renaissance in Westeuropa. Vor dem Hintergrund mittelalterlicher Kultur erstarkte die Vorstellung vom allmächtigen Engelsmagier, als Gelehrte und Philosophen an Einfluß gewannen.

Die katholische wie auch die protestantische Kirche sahen die *conditio humana* als Sündenfall an. Der Mensch galt im Grunde als korrupt und verführbar. In den Augen der Humanisten aber war er von einem mächtigen göttlichen Funken beseelt. Der Engelszauber bestätigte erneut diese bedeutende Macht des Menschen, denn sie stellte ihn auf dieselbe Stufe – wenn nicht sogar auf eine höhere Stufe – mit den Engeln. Die Kirche verfolgte weiterhin Möchtegern-

Engelsmagier, ob sie nun der Kirche angehörten oder nicht. Besonders gegen die Humanisten, die weiterhin der klerikalen Rechtsprechung unterstanden, richteten sich die Gerüchte und die Verleumdungen im Zusammenhang mit Engelszauber.

Zum Beispiel gegen Johannes Trithemius (Johannes von Tritheim), der 1462 geboren wurde. Schon in jungen Jahren zeichnete er sich durch seine Vorliebe für Literatur aus. Bereits mit zwanzig Jahren wurde er Abt von Sponheim. Er verfaßte viele Werke, hinterließ viele Erinnerungen an sein Leben und war ein großer Büchernarr. Als er zum Abt gewählt wurde, bestand die Bibliothek des Klosters aus nicht mehr als vierzig Bänden. Kurze Zeit später wuchs sie unter seiner Aufsicht auf mehrere hundert an. Trithemius wurde beschuldigt, sowohl Nekromantie zu praktizieren als auch mit Engeln in Kontakt zu stehen.

Hauptgrundlage für diese Anschuldigungen war, daß er angeblich den Geist von Maria von Burgund, der verstorbenen Frau Kaiser Maximilians, vor ihrem leidvollen Ehemann hatte erscheinen lassen. Darüber hinaus hatte Trithemius ein Buch darüber geschrieben, wie man Geheimschrift verwendet, um einer Person an einem anderen Ort Gedanken zu übermitteln. Trithemius behauptete jedoch, die Steganographia (Geheimschreibkunst) beinhalte nur die Sprache der Engelsmagie, und wies kategorisch jeden Vorwurf der Hexerei zurück.[25] Trithemius wird noch eine ganze Reihe magischer Werke zugeschrieben, darunter der »Magische Kalender«, ein merkwürdiges Buch mit all den verschiedenen magischen Entsprechungen der Elemente, Zahlen, Planeten und Konstellationen.[26]

Einer der berühmtesten Engelszauberer war Heinrich Cornelius Agrippa von Nettesheim, der im Jahr 1486 geboren wurde. Er gehörte zu den gefeiertsten Männern seiner Zeit und wurde von Trithemius, Erasmus, Melanchthon und anderen bedeutenden zeitgenössischen Humanisten sehr verehrt.

Agrippa war ein Mensch mit heftigen Leidenschaften und hitzigem Temperament, was ihm in seinem Leben viele Probleme bereitete. Trotzdem genoß er hohes Ansehen als Astrologe und Alchimist und besaß angeblich auch den Stein der Weisen.* Diesen kann er aber nicht sehr oft benutzt haben, denn er war ständig in Geldnot, sah sich

---

* Das Endprodukt der Alchimie, der Stein der Weisen, ist eine magische Substanz, die niedere Metalle (wie Blei) in Gold verwandeln kann.

harten Verfolgungen ausgesetzt und saß wiederholt im Gefängnis. Nach einem stürmischen, von Triumphen und Niederlagen begleiteten Leben starb er verhältnismäßig jung im Alter von achtundvierzig Jahren.

Über Agrippas Engelszauberkünste erzählte man sich viele Geschichten: Er hatte immer einen Geisthelfer bei sich, der ihn in Gestalt eines schwarzen Hundes auf all seinen Reisen begleitete. Auf seinem Totenbett drängte man ihn ernsthaft, seine Sünden zu bereuen. Agrippa sah das ein und nahm dem Hund das mit Nägeln besetzte Halsband ab, welche eine nekromantische Inschrift bildeten, und sagte dann zu ihm: »Fort mit dir, elendiges Tier, du bist schuld an meiner ganzen Misere.« Der Hund rannte sofort davon, stürzte sich in einen Fluß und ward nicht mehr gesehen.[27]

Diese Geschichte hält Agrippas Schüler, der Arzt Johann Weier, für unwahr. Er schreibt, Agrippas Hund sei ein völlig harmloses Tier gewesen, mit dem er, Weier, selbst oft spazierengegangen sei. Die Geschichte erzählte man sich nur, weil Agrippa seinen Hund sehr gern hatte und ihn an seiner Tafel mitessen und in seinem Bett schlafen ließ. Weier merkt darüber hinaus an, daß sich Agrippa oft eine ganze Woche in seinem Zimmer aufhielt. Die Leute wunderten sich, woher er so genaue Informationen über das Weltgeschehen hatte, und da ihnen keine bessere Erklärung einfiel, vermuteten sie, seine Intelligenz werde ihm von seinem Hund eingegeben. Weier weist diesbezüglich darauf hin, daß Agrippa Korrespondenten in aller Welt hatte, von denen er täglich Briefe erhielt, und daß dies die wahre Quelle seiner außergewöhnlich großen Intelligenz war.[28]

Einer anderen Geschichte zufolge mußte Agrippa einst einige Tage sein Zuhause im belgischen Leuven verlassen. Für die Zeit seiner Abwesenheit vertraute er seiner Frau den Schlüssel zu seinem Museum an und schärfte ihr ein, niemanden dort einzulassen. Zu jener Zeit befand sich bei Agrippa ein Pensionsgast, ein junger, unersättlich neugieriger Mann, der seine Wirtin so lange bedrängte, bis sie ihm den Schlüssel aushändigte. Im Museum fesselte als erstes ein Buch mit Zauberformeln seine Aufmerksamkeit. Er breitete es auf einem Tisch aus und begann, laut darin zu lesen. Nicht lange, und man hörte ein Klopfen an der Tür. Der junge Mann achtete nicht darauf, sondern las weiter. Dann wurde ein zweites Mal geklopft, was ihn etwas beunruhigte. Eine Minute später ging die Tür auf, und ein

Teufel kam herein. »Wozu hat man mich gerufen?« fragte der Geist. Als der Student nicht antwortete, ging der Teufel auf ihn zu, packte ihn an der Kehle und erwürgte ihn aus Empörung darüber, daß er ihn aus purer Dreistigkeit herbeigerufen hatte.

Die Geschichte vom Studenten, der sich Zugang zu den Arbeitsbüchern des Zauberers verschafft, ist häufig Thema in Volkserzählungen. Magische Kräfte zu stehlen ist verlockend, weil es unserem natürlichen Hang zur Bequemlichkeit entspricht. Warum sollten wir jahrelang lernen, wenn wir doch einfach die Arbeitsbücher eines erfahrenen Magiers durchstöbern können? In den Erzählungen wird auch auf die damit verbundenen Gefahren hingewiesen.

Engelszauberer galten als Übermenschen – sie waren fähig, gewaltige Mächte zu beherrschen, geheimes Wissen zu erfahren und alles, was sie wollten, durch die Macht der beschworenen Engel zu erreichen. Die Feinde der Engelsmagier glaubten natürlich, daß diese Engel nichts anderes als getarnte Teufel seien. Die Engelsmagier selbst behaupteten aber immer, daß sie mit der Engelsmagie göttliche Absichten verfolgten und sie sich niemals herablassen würden, Teufel zu beschwören.

Agrippas Ruhm als Engelszauberer gründete sich hauptsächlich auf sein Werk »De Occulta Philosophia«, eine Zusammenstellung vieler Quellentexte, praktisch eine Enzyklopädie okkulter Überlieferung. »De Occulta Philosophia« bildete das gesamte philosophische Grundgerüst der damaligen Engelsmagie, enthielt aber nicht die Rituale zu ihrer Durchführung. Das Buch entstand um das Jahr 1510, wurde aber erst 1533, ein Jahr vor Agrippas Tod, veröffentlicht. Damals ging ein Aufschrei durch die Reihen der Gelehrten, weil damit zum ersten Mal das begriffliche Grundgerüst des Engelszaubers einer breiten Masse zur Verfügung stand. Das Interesse an diesem Thema stieg daraufhin sprunghaft an.

Auf »De Occulta Philosophia« folgten andere okkulte Veröffentlichungen, die großenteils mehr oder weniger alte magische Rituale enthielten. Das wohl am weitesten verbreitete war ein kleines Buch, angeblich das Abschlußkapitel der »Occulta Philosophia«. Dieses 1565 veröffentlichte Buch enthielt angeblich die Schlüssel, um magische Zeremonien, die der Hauptteil von »De occulta Philosophia« nur andeutet, tatsächlich zu praktizieren. Es wurde zusammen mit einem anderen kuriosen Werk mit dem Titel »Heptameron« veröffentlicht, das Pietro d'Abano zugeschrieben wird. Wer die beiden Werke verfaßt hat, ist umstritten, aber es steht fast zweifelsfrei fest, daß beiden dieselbe Denkweise wie Agrippas Werk zugrunde liegt.

Die Gestalt des Engelszauberers war nun immer häufiger in der Literatur der damaligen Zeit anzutreffen. Oft waren die Beschreibungen von Engelsmagiern erstaunlich detailliert, wie die nachstehende Liste der verschiedenen Dinge zeigt, die jene bei ihren Zeremonien verwendeten:

Geheiligte Kreide, Wasser und Palmzweige, Kreispendel und Platten zum Schutz, Krone, Schwerter und Szepter, als Zeichen von Macht, Feuer, Öle und Pulver für Räucherungen, langwieriges Fasten, Waschungen und Rasuren für die Weihung, für die Anrufungen, Deutungen, Unterbindungen, Verwünschungen und andere bereits erwähnte Instrumente...[29]

Immer mehr Manuskripte und Bücher über Engelsmagie wurden in Umlauf gebracht. 1584 beklagte sich bereits ein Autor darüber:

Beschwörer tragen heutzutage Bücher mit Titeln wie Adam, Abel, Tobias und Henoch bei sich; Henoch gilt unter ihnen als die göttlichste Gestalt in diesen Dingen.[30]

Zehn Jahre später war die Literatur zum Thema Engelszauber dem breiten Publikum schon so vertraut, daß der Dramatiker Christopher Marlowe eine Satire über Engelsmagie – auf lateinisch, hier in der Übersetzung – in sein weltbekanntes Stück »Doctor Faustus« einfügte:

Seid mir gewogen, Götter des Acheron! Es walte der dreifache Name Jehovahs! Geister des Feuers, der Luft, des Wassers, jubelt! Fürst des Ostens, Beelzebub, Herrscher der lodernden Hölle, und Demogorgon, wir stimmen euch versöhnlich, damit Mephistopheles erscheine! Warum braucht ihr so lange? Bei Jehova, bei Gehenna und beim heiligen Wasser, das ich nun verspritze, und beim Zeichen des Kreuzes, das ich jetzt schlage, und bei unseren Gebeten, laßt Mephistopheles, den wir gerufen haben, jetzt erscheinen! Mephistopheles, komm in der Gestalt eines Mönchs.[31]

Marlowe hatte seine Anregungen dazu ursprünglich aus dem vierten Buch von »De Occulta Philosophia« und dem »Heptameron« entnommen, doch er änderte die Beschwörungen so ab, daß sie teuflisch statt engelshaft klangen. Marlowe machte aus Doctor Faustus einen

Schwarzmagier, weil er Doktor John Dee, den wohl größten Engelszauberer aller Zeiten, aus irgendwelchen Gründen in Verruf bringen
wollte. Das Leben und die Karriere des John Dee stellen einen Höhe-
punkt in der Geschichte des Engelszaubers dar und sind die Haupt-
quelle für die heute praktizierte Engelsmagie. Deshalb werden wir
sein Werk in den nächsten Kapiteln gesondert behandeln.

4

Der Werdegang eines Engelszauberers

Bisher haben wir die Praktiken des Engelszaubers in alten Zeiten betrachtet und ihr Erbe durch die Jahrhunderte nachvollzogen. Wir haben gesehen, daß bestimmte Elemente der traditionellen magischen Rituale wirklich alt sind. Wir haben auch gesehen, daß sich die Engelsmagie weiterentwickelt hat, um sich den erforderlichen Bedürfnissen und Theologien der Kulturen anzupassen, die sie übernommen haben. Einige Fragen bleiben jedoch ungeklärt: Woher kommt Engelszauber? Warum gibt es so viele verschiedene Rituale und Geheimrezepte? Nützt Engelsmagie etwas? Was haben die Engelsmagier davon, sie zu praktizieren? Am besten lassen sich diese Fragen beantworten, wenn wir uns das Leben und Werk des Doktor John Dee ansehen.

Über John Dee wissen wir viel mehr als über andere Engelszauberer und besonders über deren Praktiken, die nahezu unbekannt geblieben sind. Dee war ein fanatischer Tagebuchschreiber, der fast jedes Ereignis in seinem Leben schriftlich festhielt. Es haben nicht nur viele seiner Tagebücher überlebt, sondern zahlreiche seiner Briefe sind auch in verschiedenen Sammlungen erhalten geblieben. Darüber hinaus war er im 16. Jahrhundert eine äußerst auffallende Persönlichkeit, und viele berühmte Leute haben Aufzeichnungen über ihre Kontakte mit ihm hinterlassen.

John Dee unterschied sich völlig von den Engelsmagiern vor ihm, denn er war mutig genug, alle Welt wissen zu lassen, was er vorhatte. Anders als Agrippa und Trithemius, die beide abstritten, Engelszauber zu betreiben, erklärte Dee in aller Öffentlichkeit, er sei ein Engelsmagier, und rechtfertigte sich dafür nicht. Er wurde von vielen sehr einflußreichen Leuten gefördert, darunter Königin Elizabeth, Graf Albert Lasky von Polen, König Stephan von Polen (kurzzeitig), Graf Rosenberg von Třeboň und Sir Walter Raleigh. Dee stand mit den Behörden keinesfalls auf Kriegsfuß, nein, ihm wurde sogar einmal so etwas wie ein staatliches Stipendium gewährt, damit er »wissenschaftliche« Forschungen zum Engelszauber betreiben konnte.

Am Beispiel John Dees erfahren wir mehr über die inneren Mechanismen der Engelsmagie und die Beweggründe der Engelsmagier und können dieses interessante alte Wissensgebiet noch besser verstehen.

Die frühen Jahre

John Dees Engelszauber war die logische Folge seines Interesses an der Natur und dem, was wir heute Wissenschaft nennen. Er wurde 1527 in London als Sohn eines Edelmannes im Dienste König Heinrichs VIII. geboren. Die Königshöfe der damaligen Zeit beschäftigten viele Bediensteten und Höflinge, die teils niedrige Funktionen erfüllten – wie das Ausleeren des königlichen Nachttopfs – oder wichtige Rollen spielten, wie die Begleitung und Unterhaltung hochrangiger Abgesandter aus fremden Ländern.[1]

Diese höheren Bediensteten hatten oft ihre Familien in London dabei, die manchmal sogar im Palast wohnten. Bei Dees Geburt war Heinrich VIII. bereits ein alter Mann. Der König hatte schon immer besonders gern die Karriere junger Männer begünstigt und gefördert, da sie ihn an seine eigene Jugendzeit erinnerten. In seiner Jugend war der König besonders sportlich gewesen. Zwei seiner Lieblingsbeschäftigungen – abgesehen von Frauen – waren Turnierkämpfe und die Jagd gewesen. Angesichts dieser Tatsache dürfte der junge John Dee an Heinrichs Hof wohl nicht sehr beliebt gewesen sein, denn er war ein ausgesprochener Bücherwurm.

Dee war immer in irgendeinen geheimen Text vertieft oder beschäftigte sich mit einem obskuren Thema. Es erstaunt daher nicht, daß er den Hof im zarten Alter von fünfzehn Jahren verließ und nach Cambridge ging. Sein Verhalten in Cambridge zeigt, wie sehr ihm daran lag, etwas zu lernen. Mehrere Jahre lang gönnte er sich nur vier Stunden Schlaf pro Nacht und verbrachte die übrige Zeit mit Studieren und gelegentlichen Kirchenbesuchen.

Den ungeschlachten, tumben Gelehrten des elisabethanischen Cambridge muß er sehr ungewöhnlich vorgekommen sein. Dee hatte eindeutig keine Zeit für Trinkgelage und Weibergeschichten, Dinge, mit denen sich die Studenten die Zeit vertrieben. In harter Arbeit eignete er sich in kürzester Zeit ein großes Wissen an. Wir können auch davon ausgehen, daß er aufgrund seines strengen Tagesplans wenig Freunde hatte. Jedenfalls wußte man seine Talente in Cambridge nicht zu schätzen. Einmal baute er für die Aufführung eines griechischen Theaterstücks von Aristophanes einen künstlichen Skarabäus: Das war ein Käfer, der zum Palast des Jupiter hinaufflog und auf seinem Rücken einen Mann und einen Proviantkorb trug. Dieser schlaue Trick sollte Dee für den Rest seines Lebens nachhängen.

Dees dramaturgisches Können erscheint zwar heute trivial, weil uns die Spezialeffekte des modernen Kinos abgestumpft haben. Das war Mitte des 16. Jahrhunderts aber anders. Im Publikum saßen einfache Leute, und Bühnenaufführungen wurden mit sehr einfachen Mitteln bestritten. Dees Publikum hatte nie zuvor einen fliegenden Skarabäus gesehen. Es kam nicht auf die Idee, dieser könnte einfach aus Drähten und Spiegeln gefertigt worden sein, sondern es war überzeugt, daß Dee für diese unerhörte Leistung irgendeine Art von Engelsmagie eingesetzt hatte.

Trotzdem geschah dies dreißig Jahre, bevor er Engelsmagie ernsthaft praktizierte. Seine Zeitgenossen hielten ihn dagegen schon lange für einen Hexenmeister. Dieses Vorurteil haftete ihm zeit seines Lebens an, und vielleicht hat ihn das auch bewogen, Engelszauber tatsächlich zu praktizieren. Da man ihn dessen schon so lange bezichtigte, war er vielleicht zu dem Schluß gekommen, daß er diesem Vorwurf genausogut gerecht werden könnte.

Der gefeierte Gelehrte

Mit dem fliegenden Skarabäus machte Dee sich in Cambridge noch unbeliebter, und er blieb nicht mehr lange dort. Er hatte die Werke Euklids übersetzt und wurde gebeten, an der Universität von Leuven darüber eine Vorlesung zu halten. Wahrscheinlich hat ihn selbst gewundert, wie gut seine Vorlesungen dort ankamen. In Cambridge hatte man seine Arbeit praktisch ignoriert, aber sehr bald interessierten sich die Herzöge von Mantua und Medina dafür. Dee reiste nach Paris, wo seine Vorlesungen ebenfalls sofort begeistert aufgenommen wurden. Die Studenten drängten sich an den Toren der Universität, um ihm zuzuhören.

Heute können wir uns nur schwer vorstellen, daß eine Vorlesung über Euklid so viel Interesse wecken könnte. Wir stellen uns Gelehrte und wissenschaftliche Forschung knochentrocken und langweilig vor, aber zu Dees Zeit begeisterten sich die Menschen für neue Ideen, und die Studenten brachten es fertig, sich wegen Streitereien über Religion und Philosophie zu bekämpfen, ja sogar sich umzubringen.

Dees revolutionäre Ansichten zu Euklid erfuhren große Beachtung. Anhand von Euklids Werk erläuterte Dee, daß die Mathematik das Verbindungsglied zwischen allen Lernbereichen und den Wissenschaften sei.[2] Dies war ein ganz anderer Standpunkt als der der Kirche im Mittelalter, die gemeinhin glaubte, göttliches Wissen habe nichts mit weltlichem Wissen zu tun. Die traditionelle Ansicht war, daß die Theologie Wahrheit offenbarte und weltliche Wissenschaft* irgendwie verdächtig sei. Durch Dees Idee ließen sich nun Theologie und Wissenschaft zu einem einheitlichen System verbinden.

Als Dee als gefeierter Mann von Paris nach England zurückkehrte, sah er zu seiner Verwunderung, daß er berühmt geworden war. Er wurde von dem jungen König Edward empfangen (Heinrich war inzwischen gestorben), der so beeindruckt von ihm war, daß er ihm eine Pension von hundert Kronen jährlich gewährte. Mit dieser Prämie erkannte der König an, daß Dee der größte Gelehrte im England seiner Zeit war.

Wahrscheinlich lernte Dee damals Prinzessin Elizabeth kennen. Sie war nur wenige Jahre jünger als er, im heiratsfähigen Alter und sehr lernbegierig. Wenn sie sich um diese Zeit begegnet sind, dann hat Dee möglicherweise für die junge Prinzessin oder sie für ihn geschwärmt. Jedenfalls bestand eine unleugbare Zuneigung zwischen den beiden, die ihr ganzes Leben lang anhielt.

Dies wirft eine interessante Frage auf. Hat Dee im Hinterkopf mit dem Gedanken gespielt, Elizabeth zu heiraten? Das ist nicht so weit hergeholt, wie es den Anschein hat. Damals galt Elizabeth als Bastard, der wahrscheinlich niemals den Thron besteigen würde, und in Dees Adern floß etwas königliches Blut. Wie dem auch sei – Elizabeth ließ Dee, solange sie sich nahestanden, nie im Stich – auch als er

---

* Den Begriff »Wissenschaft« verwendete man zu Dees Zeiten nicht. Ich gebrauche ihn hier, weil er dem Konzept von Wissen am nächsten kommt, das nicht Teil der theologischen Spekulation ist.

sich bei ihren Untertanen unbeliebt machte –, und Dee hielt immer zu Elizabeth und betrachtete sie als seine wichtigste Schutzherrin, auch wenn er sich auf weite Reisen begab.

Aber noch war Königin Elizabeth nicht an der Macht. König Edward lebte nicht lange, und auf ihn folgte nicht Elizabeth, sondern Mary, die Tochter von Heinrichs erster Frau. Zunächst war Dee von dem Machtwechsel nicht betroffen; als Mary dann aber die protestantischen Ketzer unterdrückte, geriet Dees Arbeit sofort in Verdacht. Er wurde dabei ertappt, wie er an Elizabeths Bedienstete Briefe schrieb, und eingesperrt. Man warf ihm vor, er habe Königin Mary mit Hilfe von Zauberei umbringen wollen.

Dee wurde schließlich vom Vorwurf der Ketzerei freigesprochen. Diese Erfahrung scheint seinen Lerneifer nicht beeinträchtigt zu haben, denn kurz darauf überreichte er der Königin eine Bittschrift, in der er um ihre Unterstützung für die Erhaltung antiker klassischer Bauwerke bat.

Dees Interesse galt unter anderem der Astrologie. Als Elizabeth nach Marys Tod den Thron bestieg, beauftragte ihr Günstling Robert Dudley Dee, den günstigsten Tag für ihre Krönung auszuwählen. Dies war nur *ein* Beweis für Elizabeths Freundschaft mit Dee. Als Dee im Jahr 1571 in Frankreich erkrankte, schickte Elizabeth zwei ihrer Leibärzte zu ihm. Auch besuchte sie ihn zu Hause in Mortlake, wo sie sich begeistert seine Bücher und die wissenschaftlichen Geräte und kuriosen Gegenstände ansah, die er über all die Jahre zusammengetragen hatte.

Unter Elizabeths Schirmherrschaft blühte Dee auf. Er stellte eine umfangreiche Bibliothek von fünftausend Büchern und Manuskripten zusammen, eine Sammlung, die das Kernstück der heutigen British Library bildet. Er befaßte sich intensiv mit Navigation und Geographie und verteidigte mit historischen Forschungen Elizabeths Anspruch auf die Herrschaft in vielen Teilen der Welt – wie beispielsweise auf Island. Viele Kaiser und Prinzen boten ihm Förderung an, die er aber ablehnte, da er in Elizabeths Diensten glücklich war. Der Zar von Rußland bot Dee zweitausend Pfund jährlich, wenn er nach Moskau übersiedelte. Er war der geachtetste Gelehrte seiner Zeit und sonnte sich in der Zuwendung einer Königin, die viel von ihm hielt und ihn wie einen Reichsschatz behandelte.

Abb. 18: Doktor John Dee[3]

Der Zauber beginnt

Als Dee auf die Fünfzig zuging, erfaßte ihn jedoch ein merkwürdiges
Unbehagen. Heute würde man vermutlich sagen, er hatte eine Mid-
life-Crisis. Er war mit dem, was er bisher gelernt hatte, nicht mehr
zufrieden. Er wollte die Geheimnisse der Natur ergründen und den
Stein der Weisen und das Elixier des Lebens finden. Er wollte Geräte
bauen, die fliegen oder sich unter dem Meer fortbewegen konnten.
Er wollte sofort mit Leuten kommunizieren können, auch wenn
diese weit entfernt waren. Kurz, Dee wollte der Welt all die technolo-
gischen Wunder bringen, die wir heute für selbstverständlich halten.
Diese Suche nach dem – wie Dee es nannte – »grundlegenden Wissen« brachte ihn auf den Engelszauber.

Daß man bahnbrechende technologische Errungenschaften durch Kommunikation mit Engeln erzielen könnte, erscheint uns heute merkwürdig, doch für Dee war diese Vorstellung völlig logisch. Für ihn war – anders als für einen modernen Wissenschaftler – menschliches Wissen nicht etwas, das wuchs und sich veränderte, sobald man wieder etwas Neues über das Universum dazulernte. Für Dee und seine Zeitgenossen war die Geschichte des Menschen nicht Fortschritt, sondern Wiederentdeckung.

Die Menschen in der Renaissance hatten Ehrfurcht vor der majestätischen Vergangenheit. Sie blickten zurück auf die großartigen Ruinen und die Literatur Ägyptens, Griechenlands und Roms und verglichen sie mit dem, was ihre eigene Kultur hervorgebracht hatte. Dee hielt Adam – den ersten Menschen – für den perfekten Wissenschaftler, die höchste Quelle menschlicher Weisheit. Außerdem hatte er großen Respekt vor den Propheten des Alten Testaments, die ihr Wissen direkt von Gott oder indirekt über Engel bezogen hatten. Da Dee glaubte, alles Wissen existiere in seiner reinsten Form in Gott, schien ihm Engelszauber die geeignete Methode, um sich dieses Wissen anzueignen. Kurz gesagt, Dee dachte, er könne mit Engelsmagie die Macht und die Weisheit wiedererlangen, die die Menschen früher offensichtlich besessen hatten.

Für die Beschäftigung mit Engelsmagie besorgte sich Dee mehrere verschiedene Steine und Kristalle. Mit diesen Steinen konnte der Beobachter Gespräche führen, Fragen stellen und von den Engeln, die im Spiegel erschienen, Antworten bekommen. Zwei von Dees Steinen kann man heute im British Museum sehen: einen schwarzen, etwa acht Zentimeter breiten Onyxspiegel und eine Kristallkugel mit einem Durchmesser von etwa fünf Zentimetern. Nach seinen Tagebuchaufzeichnungen zu schließen benutzte er noch viele andere Steine.

Dees Aufzeichnungen über seine ersten Experimente sind noch erhalten. Zusammen mit einem Seher namens Saul rief er am 22. Dezember 1581 den Engel Anael in eine »Kristallkugel«:

Saul sah in meine Kugel, um Anael zu entdecken, und sah einen, der auf diesen Namen antwortete. Aber auf die ernstgemeinte Aufforderung, wahrheitsgemäß zu antworten, ob er wirklich Anael sei, erschien ein anderer, wunderschöner, mit gelbem Gewand, das wie Gold glänzte. Aus seinen

Augen schossen funkelnde Sternenstrahlen. Er schrieb in die Kugel viele hebräische Wörter aus durchsichtigem Gold, die Saul nicht lesen konnte, so daß ich sie nicht aufschreiben konnte. Ein heller Stern ging direkt neben ihm nieder, und viele andere Visionen erschienen ...[4]

Anschließend führten Dee und Anael eine Unterhaltung teilweise auf lateinisch, teilweise auf englisch mit einigen hebräischen Brocken. Am Ende der Sitzung notiert Dee, der Engel heiße eigentlich Annael (und nicht Anael), und er erklärte Dee selbst, er sei dem Planeten Venus geweiht. Diese Sitzung ist nicht nur interessant, weil sie die früheste in Dees Aufzeichnungen ist, sondern sie zeigt auch, daß Dee auch ohne seinen berühmtesten Seher Edward Kelly beeindruckende Ergebnisse erzielen konnte. Maßgebende Unterschiede zwischen Dees Sitzungen mit Kelly und denen mit anderen Sehern findet man kaum. Wie auch immer, wir besitzen viel mehr Aufzeichnungen über den Seher Kelly als über die anderen.

Bei diesen Zeremonien erschienen die Engel manchmal persönlich auf der Steinoberfläche und manchmal aufgrund der energetischen Aktivität des Steins in verschiedenen Teilen des Zimmers. Nur der Seher konnte die Engel sehen und ihre Stimmen hören, mußte also seine Augen und Ohren während der ganzen Zeremonie offenhalten. Das hieß, es mußten zwei Personen anwesend sein: der Seher und jemand, der die Gebete und Zauberformeln vorlas und aufschrieb, was der Seher diktierte.

Edward Talbot ersetzte Saul als Dees Seher, obwohl aus Dees Tagebüchern nicht klar hervorgeht, ob Edward Talbot mit Edward Kelly identisch war. Elias Ashmole, der die meisten von Dees Manuskripten bewahrte und kopierte, vermutet, daß Talbot und Kelly zwei verschiedene Personen gewesen sind. In seiner Kopie von Dees magischem Tagebuch bemerkt er:

E. T. wollte nicht mehr länger als Seher zur Verfügung stehen, weil Michael bestimmt hatte, er solle heiraten, und wahrscheinlich schied er daraufhin aus ... Talbot verließ Mortlake und gab seine Anstellung auf ... Kelly war einige Zeit vor seinem Ausscheiden als Seher eingestellt worden.[5]

Auf jeden Fall verschwand der Name Talbot bald aus den Tagebüchern. Dee richtete sich auf eine produktive Zeit mit Edward Kelly ein, der sein berühmtester Seher werden sollte.

Die Gestalt des Edward Kelly gibt weiterhin Rätsel auf. Wir sehen ihn nur aus Dees Blickwinkel und haben keine anderen Aufzeichnungen über seine Experimente. Die Geschichte hat ihn in die Rolle des Scharlatans gedrängt, der den gutgläubigen Dee ausnutzte. Diese Ansicht ist aber allzu vereinfachend.

Viele geschmacklose Gerüchte waren jahrelang über Kelly in Umlauf. Als junger Mann soll er beispielsweise wegen Fälschung angeklagt, vor Gericht gestellt und verurteilt worden sein und hat angeblich seine Ohrläppchen auf dem Pranger eingebüßt. Diese Geschichte ist ziemlich sicher unwahr, denn er wäre niemals derart entstellt einige Jahre später am Hof des deutschen Kaisers empfangen worden. Einem anderen hartnäckigen Gerücht zufolge soll er, bevor er in Dees Dienste trat, einen Leichnam ausgegraben und ihn mit Zauberformeln dazu gebracht haben, Fragen zu beantworten und zukünftige Ereignisse vorauszusagen. Wahrscheinlich ist dies nur eine Anekdote aus Volkserzählungen. Anscheinend gibt es zu diesem Vorfall keine Augenzeugenberichte.

Aus Dees Tagebuch geht hervor, daß Kelly eine sehr schillernde Persönlichkeit war. Wenn er wollte, konnte er äußerst charmant sein, aber er hatte auch gewalttätige Züge und war in seinem Verhalten oft unberechenbar. Oft drohte er Dee, er werde ihn verlassen. Der Grund dafür war meistens, daß er glaubte, Dees Engel seien in Wahrheit getarnte Teufel.

Wie immer Kelly auch geartet war, er unterschied sich doch allen Berichten zufolge gänzlich von Dee. Dee war ein Gentleman mit weißer Weste, der königliche Ehren erfahren hatte. Kelly war jedoch ein Schurke. Trotzdem geht aus Dees Aufzeichnungen hervor, daß ihr Verhältnis enger war als das zwischen Herr und Diener. Dee war Kelly eindeutig zugeneigt und sorgte sich um sein Wohlergehen, während Kelly oft seine Freundschaft und Loyalität gegenüber Dee beteuert. Die beiden kamen ganz gut miteinander aus, und ihre Verbindung hielt viele Jahre. Sie machten viele Abenteuer und schwierige Zeiten miteinander durch und blieben trotz alledem Kameraden und Freunde.

Als erstes unternahmen Dee und Kelly eine Forschungsreise zu den berühmten Ruinen der Abtei von Glastonbury in Somersetshire. Hier, so glaubten sie, hatten sie zufällig ein Fläschchen des sagenhaften »Lebenselixiers« gefunden – die kostbare alchimistische Substanz, die alle Krankheiten heilte, das Leben verlängerte und Blei in Silber oder Gold verwandelte. Das Fläschchen stammte vermutlich aus der Zeit des heiligen Dunstan im 10. Jahrhundert.[6] Sie freuten sich riesig über ihren Fund, wußten aber lange Zeit nicht, wie sie die Substanz verwenden sollten.

Dee und Kelly setzten ihre Experimente über Jahre hinweg fort, riefen verschiedene Engel in Steine und schrieben deren Handlungen und Äußerungen auf. In Dees Tagebüchern steht, daß die Engel, mit denen sie sprachen, eine komplexe Hierarchie hatten, wobei unten rangniedrigere und oben mächtigere Engel saßen. Um die Engel der jeweiligen Stufe herbeizurufen und zu beherrschen, waren verschiedene Zeremonien und Sigillen notwendig, deren Formeln man nur von den Engeln der darunter befindlichen Stufe erhalten konnte. Das war wie eine komplizierte bürokratische Ordnung, bei der der Magus lernen und zuerst an den rangniedrigeren Beamten vorbei mußte, bevor er Zutritt zu den wichtigeren und mächtigeren Beamten erhielt.

Anfangs verwendete Dee Rituale aus einem nicht identifizierten magischen Text, wahrscheinlich einer Bearbeitung des vierten Buchs der »De Occulta Philosophia«. Im weiteren Verlauf der Arbeiten wurde dieses grundlegende System mit Dees kabbalistischen Ausführungen und magischem Material ausgeschmückt, das ihm die Engel diktierten. Dee war Anglikaner mit einem Hang zum Katholizismus, und seine christlich geprägte Einstellung offenbart sich in den vielen Gebeten, die während der Kontaktaufnahme vorkommen. Mit ziemlicher Sicherheit hielt Dee sein Ritualystem nicht für profan, sondern für heilig. Trotzdem fehlte in diesem System das übliche Drumherum, das man normalerweise mit christianisierter Engelsmagie assoziiert: Es wurde keine Messe abgehalten, und auch von einem magischen Kreis ist nicht die Rede.

Zu Beginn der Rituale saßen Dee und der Seher an einem Tisch, der vom Fußboden durch kabbalistische Täfelchen getrennt war, die mit komplexen Akrostichon-Zeichnungen beschriftet waren. Nach einigen einleitenden Gebeten starrte der Seher dann in einen Kristall, während Dee aufschrieb, was dieser sah.

Während dieses Prozesses offenbarten die Engel zuerst ein neues Magiesystem, das den Engeln der sieben Planeten heilig war. Dieses System, von Dee »Mystical Heptarchy« (Mystische Siebener-Herr-

schaft) genannt, war nur die Vorstufe zu dem vollständig übermittelten System der henochischen Engelsmagie, die Dee so berühmt
machte.

Die Reise nach Krakau

Dee und Kelly hielten sich noch in England auf, als Albert Lasky sie
besuchte, ein polnischer Edelmann, Pfalzgraf des Fürstentums Sira-
dia. Lasky wollte in England mehr über die ruhmreiche Herrschaft
Königin Elizabeths erfahren. Die Königin und ihr Günstling, der
Earl of Leicester, empfingen Lasky mit allen Ehren. Nachdem Elizabeth ihm alle Wunder ihres Hofes in Westminster und Greenwich
gezeigt hatte, schickte sie ihn nach Oxford und wies die Institutsleiter
an, sich um ihn zu kümmern. Lasky war aber enttäuscht von dem, was
er dort vorfand, und wollte statt dessen den berühmten Dee kennen-
lernen.

Leicester willigte nur allzugern ein und brachte Lasky auf Elizabeths Privatschiff auf der Themse nach Mortlake. Lasky war von Dee
fasziniert und noch mehr von dem, was er über dessen Experimente
erfahren konnte. Nach zwei oder drei Gesprächen überredete er Dee,
ihn als Dritten an den magischen Ritualen teilnehmen zu lassen, von
denen man alle anderen tunlichst ausgeschlossen hatte. Lasky bot
Dee seine Schutzherrschaft an, wenn dieser in Laskys polnische Ländereien umsiedelte.

Zunächst zögerte Dee. Zwar wurde ihm allmählich klar, daß er an
Elizabeths Hof viele Feinde hatte, aber zum damaligen Zeitpunkt fiel
es ihm schwer, sein Zuhause zu verlassen und Verbindungen und le-
benslange Freundschaften aufzugeben. Die Engel waren jedoch begeistert von Lasky. Sie teilten Dee mit, dieser werde in Kürze König
von Polen und mehrerer anderer Königreiche werden, er werde viele
arabische und heidnische Armeen bezwingen und sich als mächtiger
Eroberer bewähren. Die Engel insistierten, und Dee gab schließlich
nach.

Obwohl die Engel Vertrauen zu ihm hatten, war Lasky ein etwas
fragwürdiger Charakter. Er war zwar sicher intelligent, aber nicht besonders zuverlässig. Er besaß riesige Ländereien in Polen, mußte sich
aber trotzdem Geld borgen, um auf seiner Reise über die Runden zu

kommen. Einige Schulden konnte er vor seiner Abreise aus England nicht begleichen. Das erste Mal hatte Dee Grund, seine Entscheidung zu überdenken, als sie über den Ärmelkanal setzten. Lasky, dem die Mittel fehlten, um für Dees Gefolge aufzukommen, mietete schnell einen Wagen für sich selbst und seinen Diener und wies Dee und seine Leute an, so schnell es ging nachzukommen. Zum Glück hatte Elizabeth Dee vor seiner Abreise Geld geschenkt, mit dem er zusammen mit Kelly, ihren Frauen und den Dienern die Kosten der Reise bestreiten konnte.

Die Reise war weder leicht noch angenehm. Einmal verhedderte sich das Tauwerk von Dees Schiff, und sie stießen mit einem anderen Schiff zusammen und wären beinahe untergegangen; ein andermal mußte die Reisegruppe einen vereisten Fluß überqueren, weil die Brücke eingestürzt war. Schließlich trafen sie in Krakau ein, wo Lasky ein Haus besaß. Dort verbrachten Dee und Kelly sehr viel Zeit mit alchemistischen Experimenten und versuchten herauszufinden, wie man das Elixier verwendete, das sie in Glastonbury gefunden hatten.

Sie führten auch viele magische Zeremonien in Laskys Beisein durch. Die Engel sagten ihrem Schutzherrn großen Wohlstand, Berühmtheit und Ruhm voraus, aber keine dieser Voraussagen erfüllte sich, und Lasky war diese unerfüllten Versprechungen bald leid. Dee hingegen war von den Kontakten mit den Engeln faszinierter denn je, besonders seit sie in eine ganz neue Phase getreten waren. Sie hatten begonnen, henochische Engelsmagie zu offenbaren, die heute als der mächtigste dem Menschen je offenbarte Engelszauber gilt.

5

Die Schlüssel der Engel

Bei einer ihrer magischen Zeremonien in Krakau teilte Kelly Dee mit, daß die Engel Buchstaben auf ein magisches Quadrat ausklopften.

[Der Engel] hat einen Stock oder Zauberstab in seiner Hand ... der aus Gold ist ... Er steht auf seinem runden Tisch aus Kristall oder eher aus Perlmutt: Unendlich viele Buchstaben erscheinen auf demselben, so viele wie daraufpassen ... Er steht da und deutet mit seinem Stab auf die Buchstaben auf seinem Tisch, als ob er irgend etwas berechnen würde.[1]

Bei einer früheren Gelegenheit in England war schon einmal eine umfangreiche Sammlung mysteriöser Tabellen diktiert worden, die die Engel dem Propheten Henoch zuschrieben. Dee dachte zunächst, sie würden mehr derartiges Material erhalten, aber er wurde angenehm überrascht. Die Engel diktierten keine komplexen Tabellen, sondern anscheinend eine Reihe von Beschwörungen in einer fremden Sprache, die Dee – obwohl er ein unübertrefflicher Sprachwissenschaftler war – niemals zuvor gesehen hatte.

Die geheime Sprache der Engel – das Henochische

Dee sollte ein Buch vorbereiten und dort die Beschwörungen hineinschreiben. Dies war eine mühevolle, schwierige und für Dee und Kelly gleichermaßen verwirrende Prozedur. Trotzdem notierten sie diese merkwürdigen Informationen und erhielten am Ende eine ganze Sammlung. Zusammen mit den Beschwörungen wurden mehrere magische Quadrate von angeblich großer Durchschlagskraft geliefert, eine hierarchische Ordnung von Geistern, die angeblich die Beschwörungen verstanden, und die Namen von zwölf »Sphären« beziehungsweise »Existenzebenen«, in denen die Engel residierten.

Die sonderbare Sprache hieß – ziemlich einfallslos – Engelssprache. Die Engel teilten Dee mit, diese Sprache habe Adam ursprünglich im Garten Eden gesprochen, und Hebräisch sei davon nur eine entstellte Form. Dies versetzte Dee in Aufregung, denn er wußte, daß göttliche Namen Macht über Engel hatten, und die mächtigste Beschwörung enthielt immer hebräische Worte oder zumindest solche, die hebräisch klangen. Nehmen wir beispielsweise die folgende Beschwörung aus dem Grimoire »Der Schlüssel Solomon«:

Sceaboles arbaron elohi elimigith herenobulcule methe baluth timayal villaquiel teveni yevie, ferete bachuhaba guvarin ... Almiras cheros maitor tangedem transidim suvantos baelaios hored belamith castumi dabuel ... Saturiel harchiel daniel beneil assimonem ... Metatron melekh beroth noth venibbeth mach.[2]

Bei der Sprache der Beschwörung handelt es sich um hebräisches Kauderwelsch, es lassen sich jedoch einige Wörter erkennen: »elohi«, »Saturiel« und »melekh«. Aber beim Abschreiben schlichen sich so viele Fehler ein, daß sich die ursprüngliche Beschwörung nicht mehr entziffern läßt, und zwar schon zu Dees Zeiten.

Dees »Entdeckung« der Engelssprache versetzte ihn in Erregung, bedeutete dies doch, daß er die Beschwörungen der Engelsmagie in ihrer ursprünglichen und mächtigsten Form rekonstruieren konnte. Da die Engelssprache angeblich die reinste Sprachform darstellte – genau die Sprache, in der sich Adam mit Gott unterhielt –, war sich Dee sicher, daß er damit Macht über die allerhöchsten Engel in der himmlischen Hierarchie ausüben konnte.

Die Engelssprache wurde praktischerweise in Form mehrerer Beschwörungen diktiert. Die Engel nannten diese Beschwörungen »Claves« (Schlüssel) – offensichtlich eine Anspielung auf den »Schlüssel Solomon«, die die Verbindung zwischen den Grimoires und dem von den Engeln diktierten Material veranschaulichen sollte. Auf den ersten Blick ähnelten die Schlüssel der Engel wie der nachstehende den Beschwörungen im »Schlüssel Solomon«:

Ol sonf vorsg, gohó Iad balt lansh calz vonpho, sobra z–ol ror i ta nazpsad Graa ta Malprq ds hol-q Qäa nothóa zimz Od commah ta nobloh zien: soba thil gnonp prge aldi Ds urbs óboleh grsam: Casárm ohoréla cabá pir Ds zonrensq cab erm Jadnah: pilah farzm znrza adná gono Iádpil Ds hom tóh Soba Ipam Lu Ipamis Ds lóholo vep zomd Poamal od bogpa aäi ta piap piamos od vaooan ZACARe c–a od ZAMRAN odo cicle Qää zorge, lap zirdo noco MaD Hoath Iaida.[3]

Anders als bei der salomonischen Beschwörung diktierten die Engel zum Schlüssel der Engel eine vollständige englische Übersetzung. Der obenstehende Schlüssel lautet in der Übersetzung:

Ich herrsche über dich, spricht der Gott der Gerechtigkeit.
Machtvoll über das Firmament der Himmel erhoben. In dessen Hand die
   Sonne zum Schwerte wird und der Mond zu einem durchschlagenden
   Feuer.
Der deine Kleider unter meinen Gewändern maß und
dich zu meinen Handflächen fesselte.
Dessen Sitz ich mit dem Feuer der Versammlung zierte.
Der deine Kleider mit Bewunderung verschönte.
Dem ich ein Gesetz zur Beherrschung der Heiligen machte.
Der dir einen Stab mit der Lade des Wissens gab.
Und du erhobst deine Stimme und gelobtest ihm,
der lebt und triumphiert, Gehorsam und Vertrauen.
Der keinen Anfang hat und kein Ende haben kann.
Der wie eine Flamme leuchtet mitten unter deinen Palästen und unter
   euch regiert als Gleichgewicht zwischen Rechtschaffenheit und Wahr-
   heit.
Begebt euch hierher und zeigt euch: Eröffnet
die Mysterien eurer Schöpfung. Seid mir freundlich gesinnt,
denn auch ich bin ein Diener eures Gottes, ein wahrer Verehrer des Höch-
   sten.[4]

Das Interessanteste an dieser Übersetzung ist, daß sie wenig Ähnlichkeit mit den umgangssprachlichen Beschwörungen der Grimoires aufweist. Es fehlen die Listen mit den hebräischen Namen Gottes. Das Wort Jahwe erscheint in den Schlüsseln der Engel überhaupt nicht; statt dessen tauchen neue merkwürdige Namen für Gott auf, wie *Madzilodarp* (deutsch etwa: der Gott des Ausstreckens und Eroberns). Auch Heilige und die bekannten Engel wie Michael werden nicht erwähnt. Statt dessen gibt es Anspielungen auf Wesen wie »die Geister des vierten Winkels« und »die Blitzeschleuderer des Zorns und des Gerichts«.

Außerdem unterscheiden sich die Schlüssel der Engel in ihrer Struktur von der der Grimoires. Es handelt sich dabei um keine ausgefeilte Abfolge von Drohungen und Bitten, sondern um einfache Aussagen über die Macht und Aufgaben der Geister und die Bitte, sie mögen erscheinen. Sogar der Name Satan fehlt in den Schlüsseln der Engel. Er wird ersetzt durch das eisige *Telocvovim* (deutsch etwa: Todesdrachen).

Es ist verwunderlich, daß dies plötzlich im Umfeld eines Engelsmagiers der Renaissance auftaucht, weil das Material so ganz anders als die mittelalterlichen Grimoires ist, die Dee und Kelly damals zur Verfügung standen. Das heptarchische System – das Kelly noch in England diktierte – war viel typischer, denn es wies große Ähnlichkeit mit dem »Heptameron« des Pietro d'Abano auf, einem Werk, das fast zwanzig Jahre früher veröffentlicht wurde.

Auch aus mehreren anderen Gründen ist die Engelssprache äußerst merkwürdig. Sie scheint nicht für das menschliche Vokalsystem geschaffen worden zu sein, ähnlich wie die hebräische Kabbala. Kelly sagte, die Engel deuteten auf einer Karte auf die Buchstaben, sprachen die Worte aber nicht laut aus. Ob dies stimmt oder nicht, die Engelssprache hat jedenfalls ihre eigene Grammatik und Syntax. Bei genauerer Betrachtung ergeben sich mehrere grammatikalische Regeln:[5]

- Henochische Wörter lassen sich zu neuen Wörtern kombinieren. Das henochische Wort ZIRENAIAD beispielsweise, das »Ich bin der Herr, dein Gott« bedeutet, ist eine Kombination aus ZIR (ich bin) – ENAY (Herr) – IAD (Gott).
- Henochische Substantive werden unregelmäßig dekliniert.
- Henochische Zahlen weisen keine Verbindung zu irgendeinem bekannten Zahlensystem auf. Selbst Tausender-Zahlen werden durch eigene Begriffe ausgedrückt, so als sei die Intelligenz, die sie benutzte, fähig, einen riesig großen Wortschatz zu erinnern.
- Henochische Verben sind unregelmäßig, können aber konjugiert werden. Die beiden umfangreichsten Verbsysteme sind ZIR (sein) und GOHUS (sprechen).

ZIR		
Präsens	**Vergangenheit**	**Negative Formen**
ZIR – ich bin	ZIROP – er war	IPAM – es gibt nicht
I – er ist	ZIROM – es gab	IPAMIS – es kann nicht
Pll – sie ist		geben
Tl – es ist		
CHIS – wir sind/	**Futur**	**Konjunktiv**
ihr seid	CHISO – es wird sein	CHRISTEOS – es möge
	TRIAN – Sie werden	sein
ZODCHIS – sie sind	sein	

Abb. 19: Konjugation des henochischen Verbs ZIR

GOHUS		
Präsens	**Perfekt**	**Passiv**
GOHUS – ich sage	GOHON – sie	GOHULIM – es wird
GOHGO – er sagt	haben gesagt	gesagt
GOHIA – wir sagen		
	Partizip Präsens Aktiv	
	GOHOL – sagend	

Abb. 20: Konjugation des henochischen Verbs GOHUS

Noch interessanter ist, daß es bei den Hunderten von Wörtern, die diktiert wurden, ein paar interne Ungereimtheiten gibt. Die englischen Versionen entsprechen fast perfekt dem Henochischen, auch wenn die Engelsprache für die ersten vier Schlüssel rückwärts diktiert wurde. Dann hätte Kelly sie nur schwer heimlich bilden und dann aus dem Gedächtnis diktieren können.

Das Standardnachschlagewerk für die Beschäftigung mit der Engelsprache ist Donald Laycocks Buch »Complete Enochian Dictionary«. Laycock vertritt die Ansicht, daß die Engelsprache dem Englischen in Wortfolge und Aussprache ähnlich sei. Er führt ein Beispiel an, bei dem Englisch die einzige Sprache ist, die zur Engelsprache paßt; die Schlüssel der Engel enthalten aber viele andere Passagen, wo die henochische Satzbildung ein sehr merkwürdiges Englisch ergibt. *Niiso Crip ip Nidali* beispielsweise wird im Englischen mit »Come awaye, but not your noyses« (Kommt her, aber ohne euren Lärm) wiedergegeben. Da diese Worte an die »thunderers of Wrath and Judgement«, die »Blitzeschleuderer des Zorns und des Gerichts«, gerichtet sind, ist damit wahrscheinlich gemeint: »Verlaßt euren Ort und kommt her, aber macht keinen donnernden Lärm.« Die Engelssprache drückt den Gedanken viel geraffter aus als die englische Übersetzung. Dasselbe gilt für das henochische Wort *Telocvovim*, das mit »him who has fallen« (deutsch etwa: der Gefallene) wiedergegeben wird. Eigentlich handelt es sich dabei aber um eine Zusammenziehung der Wörter *Teloch* (Tod) und *Vovin* (Drachen), wörtlich also »Todesdrachen« – möglicherweise eine Anspielung auf Satans Verwandlung während seines Sturzes. Wörter wie *Telocvovim* sind viel eher germanisch als englisch. Kurz gesagt, die Engelssprache ist dem Englischen nicht ähnlicher als irgendeine andere, nicht-englische Sprache. Daß es manchmal auch Übereinstimmungen gibt, spielt keine Rolle.

Laycock behauptet auch, das Henochische werde wie Englisch ausgesprochen. Leider sprach Kelly, das Sprachrohr der Engel, die henochischen Wörter niemals aus. Wenn zudem die Buchstabenanordnung im Henochischen zufällig charakteristische Merkmale aufweist, wie Laycock behauptet, dann kann die dem Englischen ähnliche Aussprache nicht sprachimmanent sein. Viel wahrscheinlicher ist, daß Dee dem Henochischen Aussprachearten zuwies, weil er die Schlüssel in einer Zeremonie sprechen wollte. Als Engländer paßte er sie so gut er konnte an seine Muttersprache an. Abgesehen von wenigen unbedeutenden Anspielungen kümmern sich die Geister tatsächlich nicht um die Aussprache. Das Henochische in seiner Grundform kommt den Stimmbändern des Menschen nur sehr wenig entgegen.

Was ging hier also vor? In Dees Arbeiten tauchte plötzlich eine sehr ursprüngliche Form von Engelszauber auf, zusammen mit einer komplexen, in sich stimmigen Fremdsprache. Dafür gibt es tatsächlich nur drei Erklärungen: Kelly dachte sich die Schlüssel bewußt oder unbewußt aus; Kelly plagiierte sie aus einer ansonsten unbekannten Quelle; oder er erhielt tatsächlich Mitteilungen von engelhaften Wesen. Wir wollen uns die drei Möglichkeiten jeweils genauer anschauen.

Hat Kelly die Schlüssel der Engel erfunden?

Die Historiker stellen Kelly grundsätzlich als einen »Betrüger, der seinen frommen Herrn hinters Licht führte«[6], dar, aber vieles spricht dagegen. Es stimmt, daß Kelly von Dee fünfzig Pfund pro Jahr für seine Dienste erhielt, aber solche Jahreszahlungen sicherten im elisabethanischen Zeitalter nur das Überleben. Kelly ermutigte Dee keineswegs, seine Arbeit fortzusetzen, sondern begann schließlich den Engelscharakter der Geister anzuzweifeln und versuchte häufig, sich Dees Diensten zu entziehen. Andererseits, falls Kelly versuchte, Dee um sein Geld zu bringen, warum hätte er dann versuchen sollen, ihn davon zu überzeugen, daß es sich um teuflische Geister handelte? Warum hatte er Dee dann nach Polen geführt, wo beide mit ihren Familien oft in finanzielle Schwierigkeiten gerieten? Falls Kelly ein Betrüger war, hätte er Dee in Mortlake viel leichter das Geld aus der Tasche ziehen können.

Außerdem lassen sich die ernstzunehmenden stilistischen Unterschiede zwischen Kellys Schreibstil und den Äußerungen, die er den Geistern zuschrieb, nur schwer erklären. Kelly war ein phantasieloser Schriftsteller, wie der folgende Auszug zeigt:

The heavenly cope hath in him nature's flower
Two hidden, but the rest to sight appear:
Wherein the spermes of all the bodies lower
Most secrett are, yett spring forth once a yeare ... 7

Vergleichen Sie diese gestelzten, unbeholfenen Zeilen mit dem letzten Schlüssel der Engel, den er Dee diktierte:

The work of man and his pomp, let them be defaced: His buyldings let them become caves for the beasts of the field: Confownd her understanding with darknes. For why? It repenteth me I made Man.[8]

Es erscheint nahezu unmöglich, daß dieser aussagekräftige Absatz von derselben Hand geschrieben wurde oder daß Kelly mit seinen eigenen schriftstellerischen Fähigkeiten zu solch gespenstisch schönen Passagen imstande gewesen wäre:

Can the wings of the windes understand your voyces
of wonder? ...

Stronger are your fete then the barren stone:
And mightier are your voices than the manifold windes ...[9]

Ich gebe zu, daß stilistische Unterschiede bei der Suche nach dem Verfasser eine untergeordnete Rolle spielen. Konkretere Beweise dafür, daß Kelly seine Visionen nicht erfand, ist die Komplexität der henochischen Schlüssel. Konnte er, der nur Schullatein beherrschte und umgangssprachliches Englisch sprach, eine ganze Sprache mit eigener Grammatik und Syntax hinterlassen haben?

Der Philologieprofessor J.R.R. Tolkien brauchte Jahre, um sich die Elfensprache auszudenken, die in seinem Buch so breiten Raum einnimmt. Wenn Kelly sich die Schlüssel ausdachte, dann hätte er dies innerhalb von wenigen Tagen tun müssen. Kurz, falls Kelly sich die Schlüssel bewußt ausgedacht hat, war er literarisch weitaus bewanderter, als er jemals zugab.

Das heißt nicht, daß er die Schlüssel vielleicht doch unbewußt erfunden hat. Sprache ist immerhin ein Produkt des menschlichen Geistes. Das Unbewußte ist oft zu Dingen fähig, die dem Bewußtsein nicht möglich sind. An der Theorie, daß Kelly die Visionen halluzinierte, mag etwas Wahres dran sein. Man hat auch die These vertreten, daß Dee Kelly mit den Zeremonien künstlich in eine Psychose versetzte.[10] Kelly war vielleicht auch eine multiple Persönlichkeit, denn die Geister sprachen in biblischen Dialekten, die völlig anders als seine eigene Sprechweise waren, und anscheinend fiel es ihm schwer, zwischen seinen eigenen Gedanken und denen der Geister zu unterscheiden. Nach Dees Worten beklagte sich Kelly über »einen großen Aufruhr und Bewegung in seinem Gehirn, die ganz deutlich zu spüren waren, als ob ein Wesen mit menschlicher Gestalt und menschlichen Gesichtszügen in seinem Gehirn und seinem Schädel auf und ab und hin und her ginge.«[11]

Dee zwang Kelly fast täglich zu stundenlangen Zeremonien. Das überfordert wahrscheinlich jeden Menschen, besonders wenn er sowieso schon labil ist.

Folglich können wir aus den Anhaltspunkten im Text schließen, daß es, auch wenn Kelly seine Wahrnehmungen übertrieben oder falsch darstellte, keinen Beweis für die Behauptung gibt, er sei ein Betrüger. Auch ist es ungerecht, die materialistische Einstellung des 20. Jahrhunderts auf einen Mann zu projizieren, zu dessen elisabethanischer Sichtweise offensichtlich auch der Glaube an die Existenz von Geistern gehörte. Wahrscheinlich glaubte Kelly, er sei mit *irgend etwas* in Berührung. Daß andererseits ein Seher ein nicht-materielles Wesen wahrnimmt, ist noch keine Garantie dafür, daß dieses Wesen objektiv gesehen existiert. Falls Kelly Halluzinationen hatte, wäre sein Glaube an die Existenz von Geistern verständlich, und die stilistischen Unterschiede könnten das Ergebnis einer teilweise kontrollierten Schizophrenie sein. Wie Peter French in seiner Dee-Biographie zeigt, könnte Dees magnetische Persönlichkeit und der absolute Glaube an die Realität magischer Erfahrungen bei Kelly – und anderen Hellsehern – eine künstliche Psychose ausgelöst haben. Kellys hysterisches Temperament spricht sehr für die Theorie, daß er gegen Ende der Zusammenarbeit mit Dee kurz vor dem Wahnsinn stand.

Das entkräftet aber immer noch nicht den Einwand, daß die Schlüssel sich allzusehr von der damaligen Literatur unterschieden, als daß ein in traditioneller Engelsmagie ausgebildeter Mensch sie hätte erfinden können. Wir müssen anderswo nach einer befriedigenderen Lösung suchen.

Hat Kelly die Schlüssel der Engel plagiiert?

Wir können ziemlich sicher ausschließen, daß Kelly Dee absichtlich hinters Licht führte. Es wäre jedoch falsch anzunehmen, daß all seine Visionen gültig oder daß all seine Wahrnehmungen bedeutend waren. Zumindest einmal machte er Dee falsche Angaben zu dem, was er angeblich gehört hatte: Er präsentierte Dee ein absolut phantasieloses, in seinem eigenen literarischen Stil verfaßtes Gedicht, das ihm die Geister angeblich in seinem Schlafzimmer diktiert hatten. Tatsächlich wurde Kellys Verhalten im Verlauf der magischen Handlungen immer bizarrer, als ob der Kontakt mit einer fremden Intelligenz seine geistige Gesundheit veränderte oder zerstörte.

Es gibt einige zwingende Beweise dafür, daß Kelly Teile des Materials, das er Dee diktierte, abschrieb. Edward Kelly war selbst ein Magier und Alchimist. Das ist wichtig zu wissen, weil er in der Zeit, als ihm das Henochische diktiert wurde, selbst magische Zeremonien durchführte, ohne daß Dee davon wußte oder dem zugestimmt hatte. Am 7. Mai 1584 unterbrach der Geist Gabriel das Diktieren der

Schlüssel und befahl Kelly, bestimmte persönliche magische Insignien zu zerstören:

Gabriel: All den Plunder, den du von den Gottlosen hast, verbrenne ihn ...
E.K.: Wenn sich Moses und Daniel in den Künsten der ägyptischen Magier auskennen und trotzdem weiterhin Diener Gottes sind, warum darf ich mich dann nicht damit beschäftigen, ohne dadurch gegen den Willen Gottes zu handeln?
Gabriel: Dunkelheit weicht vor dem Licht zurück; das Große schließt das Geringere aus.[12]

Kelly widerstand diesen Anweisungen, erklärte sich schließlich aber doch bereit, zumindest einen Talisman zu zerstören. Zu den anderen verbotenen Insignien bemerkte Kelly folgendes:

Was ich mit dem Rest gemacht habe, wissen Gott und sie (wenn sie zu Gott gehören); aufgrund der genannten Bedingungen bin ich damit einverstanden, daß dieser Charakter verbrannt wird.[13]

Es ist bemerkenswert, daß diese rituelle Zerstörung die erste Tat am 14. Mai 1584 war, an dem der Großteil der Schlüssel diktiert wurde. Wir sehen also, daß Kelly nicht nur von Dees zeremonieller Magie beeinflußt war. Seine eigenen geheimen magischen Praktiken haben wohl auf sein Bewußtsein gewirkt, während die Schlüssel diktiert wurden.

Kelly setzte seine unerlaubten Zeremonien fort, erschrak aber am Ende selbst über das, was dabei herauskam. Am 8. Juni 1584 beichtete er Dee alles. Dieser war entsetzt darüber, daß sein auserwähltes »Gefäß« für den Kontakt mit den Engeln sich einer Sache hingab, die Dee »abscheuliche vielfache Ketzereien und gotteslästerliche Dogmen« nannte.

Kellys Beschäftigung mit ketzerischen magischen Praktiken wirft einige Fragen auf, die für die Forschungen nach dem Ursprung der Schlüssel von großer Bedeutung sind. Welche magischen Texte verwendete Kelly für seine geheimen Zeremonien, und was haben sie gegebenenfalls mit den Schlüsseln zu tun?

Israel Regardie behauptet: »Es gibt in Europa nicht die geringste Spur irgendeines Teils des magischen Systems des Henochischen.«[14] Dies war ein zur damaligen Zeit sicher einleuchtender Standpunkt. Die Schlüssel unterscheiden sich tatsächlich sehr von den Grimoires.

Die barbarischen Namen im »Lemegeton« sind verstümmeltes Arabisch und Griechisch, nicht aber eine syntaktisch gültige Sprache wie das Henochische. Es gab allerdings auch Grimoires, die Henoch zugeschrieben wurden.[15] Könnte Kelly eines davon in der besagten Zeit besessen haben, in der die Schlüssel diktiert wurden?

Wenn ja, muß es sich um ein sehr ungebräuchliches Grimoire gehandelt haben, das Dee nicht kannte. Wo hat Kelly solch einen Schatz finden können? Nun, er hatte Zugang zu einer Quelle von ungewöhnlichem magischen Material. Während das Henochische diktiert wurde und Kelly heimlich Zeremonien abhielt, wohnten Dee und er in der Stephansstraße (heute Ul. Szczepanska) in Krakau, ganz in der Nähe der Universität von Krakau – der zweitältesten in Westeuropa und während der Renaissance Zentrum für das Studium der okkulten Praktiken.[16] Kelly hat es auf seiner fieberhaften Suche nach magischem und alchimistischem Wissen vielleicht in die Universitätsbibliothek gezogen.

In Dees Tagebüchern ist nirgends von Universitätsbesuchen die Rede. Wenn Kelly dorthin ging, dann wahrscheinlich allein. Wir wissen, daß er heimlich Forschungen betrieb und sich die Ergebnisse in seiner Tätigkeit als Seher niederschlugen, wie ein Absatz aus Dees Notizen zeigt:

Er [Kelly] kam eilends aus seinem Studierzimmer und hielt in der Hand einen Band der Werke Cornelius Agrippas … Daraus folgerte er, daß unsere spirituellen Lehrer Cosenors [Betrüger] waren, die uns eine Beschreibung der Welt lieferten, die anderen Büchern entnommen war … Ich erwiderte, ich sei sehr froh, daß er ein eigenes Buch besitze, in denen diese geographischen Bezeichnungen verzeichnet seien.[17]

Möglicherweise, ja höchstwahrscheinlich gab es in der Universität von Krakau Manuskripte über Magie, die von ketzerischen Sekten in Osteuropa stammten. Viele dieser Sekten hingen Henoch an, der angeblich als erster die Engelssprache übersetzt und übermittelt hatte. (Dee und Kelly glaubten, sie hätten etwas Verlorenes wiederentdeckt.) Einer dieser henochischen Sekten ist es zu verdanken, daß eine Version des »Buchs der Geheimnisse des Henoch« auf uns gekommen ist, ein religiöser Text, der so alt ist, daß die einzige andere existierende Version davon im entfernten Äthiopien erhalten blieb.[18]

Solange man nicht andere Übereinstimmungen – abgesehen von der vagen Zuschreibung an Henoch – zwischen den Schlüsseln und den ketzerischen magischen Texten findet, ist es reine Vermutung, daß Kelly die Engelssprache in einem ketzerischen henochischen Text gefunden hat. Der erste Hinweis auf eine derartige Verbindung ist der philosophische Standpunkt der Schlüssel mit seinen gnostischen Untertönen. In »Call of the thirty Aires« beispielsweise behauptet Gott, er bereue, den Menschen erschaffen zu haben. Diese Ablehnung der physischen Welt und der Menschen, die in ihr leben, ist fast schon manichäisch.

Abgesehen davon gibt es in gnostischen Texten gewisse Parallelen zum Henochischen, wie in der als »Pistis Sophia« bekannten Zauberformel: »ZAMA ZAMA OZZA RACHAMA OZAI.«[19] Auffällig sind hier die Wiederholungen des Phonems »Z«, eines charakteristischen Merkmals der Engelssprache, und die Wiederholung von »ZAMA«, das höchstwahrscheinlich das öfter vorkommende »ZAMRAN« aus den Schlüsseln der Engel ist. »ZAMRAN« bedeutet in den Schlüsseln »erscheine« und ist eines der wichtigsten Wörter in den Beschwörungen. Eine andere mögliche Übereinstimmung läßt sich in dem gnostischen Namen für den Demiurgen, »IALDABAOTH«, erkennen.[20] Dies erinnert stark an den henochischen Gott der Rechtschaffenheit, »IAD BALTOH«. Die »Pistis Sophia« erwähnt auch Magiebücher, die Henoch zugeschrieben werden:

... denn ihr könnt sie in den zwei Büchern IEOU finden, welche Enoch schrieb, als ich mit ihm über den Baum der Erkenntnis und über den Baum des Lebens sprach, die im Paradies des Adam standen.[21]

Der Name IEOU legt nahe, daß die Bücher Beschwörungen oder magische Namen enthielten, und der legendäre Ursprung der Texte im Garten Eden ähnelt der Behauptung von Kellys Geistern, daß das Henochische die Sprache sei, »die Adam fürwahr in Unschuld sprach«. Der Gnostikforscher Mead vertritt die Ansicht, eines der Bücher von IEOU sei das »Buch des Großen Logos«, ein Text, dem folgender Passus entnommen ist:

Dann werden die Wächter der Schatztore dieselben öffnen, und sie werden hinauf und immer ins Innere der folgenden Räume gelangen, die Kräfte in denselben werden sich freuen und ihnen ihre Geheimnisse preisgeben, auch ihre Siegel und ihre Namen der Kraft, das sind: die Ordnung der drei Amen ... Dann auch befindet sich innerhalb jedes Schatzes ein Tor und außerhalb sind deren drei, bei jedem derselben wachen drei Torhüter.[22]

Vergleichen Sie den obigen Abschnitt mit dem folgenden aus Kellys Tätigkeit als Seher aus der Zeit, in der die Schlüssel der Engel diktiert wurden:

Jeder Tisch hat seinen Schlüssel; jeder Schlüssel öffnet sein Tor, und jedes geöffnete Tor liefert Wissen über sich oder über seinen Eingang und über das Geheimnis jener Dinge, die es umschließt. Innerhalb dieser Paläste wirst du Dinge der Macht finden, sozusagen, denn jeder (1) Palast befindet sich über seiner (2) Stadt, und jede Stadt liegt über seinem (3) Eingang.[23]

Im gnostischen wie auch im henochischen Text ist die Zahl neunundvierzig von großer Bedeutung. Die »Pistis Sophia« erwähnt beispielsweise: »Dies sind Widerspiegelungen der obersten Projektionen, die Kräfte oder Genossen der Sophia; alles dieses vereint bildet von außen betrachtet die Zahl 49.«[24] Im apokryphen »Buch des Erlösers« steht: »Kein Geheimnis ist größer als die Geheimnisse, denen ihr nachforschet, nur einzig das Geheimnis der sieben Stimmen und ihrer 49 Kräfte...«[25]

Auf die Bedeutung der Zahl neunundvierzig wird auch in dem henochischen Material von Edward Kelly nachdrücklich hingewiesen:

[Es gibt] 49 Stimmen der Anrufung; dies sind die natürlichen Schlüssel, um ... Tore des Verstehens zu öffnen. Du erhältst dadurch das Wissen, jedes Tor zu bewegen und so viele es dir beliebt anzurufen ... und weise eröffnen sie dir die Geheimnisse ihrer Städte.[26]

Vergleichen Sie diesen Abschnitt mit einer ähnlichen Passage im »Buch des Großen Logos«, wo die neunundvierzig »Kräfte« verbunden werden mit der Stelle: »...bis die Seelen zu den Toren des Lichtschatzes gelangen und die Wächter der Tore ihnen öffnen. Und diese geben ihnen ihre Siegel und den Großen Namen.«[27]

Kellys geheime Zeremonien und Forschungen in Krakau, die Ähnlichkeit der Schlüssel mit bestimmten gnostischen Texten sowie Spuren der Engelszauberliteratur aus der Renaissancezeit, die Henoch zugeschrieben wird – alles weist darauf hin, daß die henochischen

Schlüssel einem Text entnommen wurden und nicht eine Erfindung sind. Könnte es sein, daß die Offenbarung der Schlüssel mit einem ganz bestimmten magischen Text aus der Bibliothek der Universität Krakau in Zusammenhang steht? Wenn ja, dann befindet sich jenes Manuskript vielleicht immer noch in den Archiven und wartet darauf, von einem tatendurstigen Gelehrten ausgegraben zu werden.

Hatte Kelly wirklich Kontakt zu Engeln?

Die Art, wie Kelly die Schlüssel offenbart wurden, widerspricht der Theorie, daß er sie abgeschrieben hat. Die ersten fünf Schlüssel wurden Buchstabe für Buchstabe rückwärts diktiert, der Rest hingegen vorwärts ohne größere Fehler. Die gesamten Schlüssel, mehr als tausend Wörter, wurden an einem einzigen Tag während einer einzigen Sitzung angesagt. Die meisten englischen Erläuterungen wurden an nur einem Tag diktiert, und zwar geraume Zeit nach der Engelssprache, und doch passen sie fast perfekt zu ihrem henochischen Gegenstück. Kelly hätte also ein außergewöhnlich gutes Gedächtnis haben müssen, falls er einen anderen magischen Text als Quellenmaterial für die Schlüssel verwendete.

Daß Kelly tatsächlich mit Engeln kommunizierte, übersehen die meisten Forscher. Ich möchte dies nicht ganz von der Hand weisen, aber vielleicht ist es sinnvoll, die Mitteilungen selbst kritisch zu analysieren. Enthalten sie irgendwelche charakteristischen Merkmale, wie wir sie von einer echten Engelsmitteilung erwarten? Die Zeremonien von Dee und Kelly lassen tatsächlich auf die Anwesenheit von etwas Ungewöhnlichem während einiger Zeremonien schließen.

Ein Test, wie man die Anwesenheit von etwas Übernatürlichem prüfen kann, ist das Wissen um zukünftige Dinge. Dies geschah mindestens zweimal während Dees und Kellys Zusammenarbeit. Die Engel sagten die Spanische Armada und die Hinrichtung Königin Marys von Schottland voraus, und zwar lange bevor irgend jemand von diesen Ereignissen wissen konnte.[28] Andererseits sagten die Engel viele andere Dinge voraus, die niemals eintrafen, wie beispielsweise Laskys Rolle als heldenhafter Eroberer.

Ein klassischer, wenn auch fehlerträchtiger Test für die Gültigkeit hellseherischer Phänomene ist, daß eine dem Seher unbekannte

Sprache auftaucht. Dies geschah während der Arbeiten von Dee und Kelly, als ein Geist begann, griechisch zu sprechen. Kelly war frustriert und verwirrt und unterbrach ihn mit den Worten: »Wenn du nicht eine Sprache sprichst, die ich verstehen kann, sage ich kein Wort von diesem Kauderwelsch mehr.« Dies scheint der Beweis dafür zu sein, daß Kellys Visionen ihm von außen eingegeben wurden, besonders weil die griechischen Worte Dee davor warnten, Kelly zu trauen – unwahrscheinlich, daß ein Scharlatan eine derartige Botschaft seinem potentiellen Opfer übermitteln sollte.

Oberflächlich betrachtet scheint ein Engel wenig Veranlassung zu haben, seine eigene Sprache überhaupt zu benutzen. Es ist unwahrscheinlich, daß ein Engel, der keine Stimmbänder besitzt, ähnlich wie ein Mensch spricht. Auf dieses Problem machte Leonardo da Vinci aufmerksam: »Deshalb können wir sagen, daß der Geist ohne Luftbewegung keine Stimme erzeugen kann, und es gibt keine Luft in ihm, er kann also auch nichts hervorbringen, was er nicht hat.«[29] Mit anderen Worten: Eine von den Engeln benutzte Sprache hätte wenig oder überhaupt keine Ähnlichkeit mit irgendeinem bekannten grammatikalischen System. Es müßte etwas sein wie die hebräische Kabbala, in der man die Aussprache des unaussprechlichen Namens mit Begriffen, Zahlen und Energien wiedergibt.

Jede von Geistern gesprochene Sprache würde sich grundlegend von einer Sprache unterscheiden, die für Menschen gedacht ist. Lautmalerei – Wörter wie »peng« oder »paff«, die richtige Klänge imitieren – würden völlig fehlen. Mit Hilfe von Kontraktionen würde man neue Begriffe erschaffen, statt die Aussprache zu vereinfachen. Viele Wörter bestünden aus einer Reihe von Konsonanten und nicht aus einer leicht auszusprechenden Kombination aus Vokalen und Konsonanten. Die Anordnung der Buchstaben erschiene willkürlich und hätte mehr Ähnlichkeit mit einer kabbalistischen als mit einer gesprochenen Sprache; und schließlich würde das Zahlensystem nicht auf der Zehn basieren, weil nichtmaterielle Wesenheiten, abgesehen davon, daß sie keine Stimmbänder haben, mit Fingern wenig anfangen könnten.

Die Engelssprache weist all diese charakteristischen Merkmale auf. Es gibt keine Lautmalerei, aber viele Kontraktionen, wie *Telocvovim*, und viele henochischen Wörter bestehen aus unaussprechlichen Konsonantenreihen. Die Buchstabenanordnung in der Engels-

erwähnenswert sind … Die Wachposten bemerkten Alexanders Unruhe, hörten seine Worte und kamen auf mich zu. Sie verlangten, ich solle für Ruhe und Frieden sorgen. Weiterhin behaupteten sie, Alexander habe in seiner Wut gesagt, daß er, bevor E.K. ihm den Kopf abschneiden könne, ihn in Stücke hauen werde.« Irgendwie gelang es Dee schließlich, Alexander zu beruhigen und die Wachen zu beschwichtigen, die sicher ihren Vorgesetzten von diesem Vorfall berichten würden.

Am nächsten Morgen kam E.K. heim, und als er Alexander sah, entschuldigte er sich und führte an, er sei betrunken gewesen.« Dee beging aber den Fehler und erzählte Kelly, was Alexander in Gegenwart der Wachen gesagt hatte. »Kaum hatte ich das gesagt, da wurde E.K. plötzlich so wütend darüber, daß man sich an ihm wegen seiner Schimpfworte auf der Straße so rächen wollte. Ich hatte große Mühe, ihn zu zügeln und ihn davon abzuhalten, mit der Waffe auf Alexander loszugehen. Schließlich ließen wir ihn in Wams und Kniehose gehen – ohne Kappe oder Hut auf dem Kopf. Mit dem gezückten Rapier seines Bruders rannte er auf die Straße und forderte Alexander zum Kampf. Aber Alexander entfernte sich von ihm mit den Worten: ›Nolo, Domine Kelleie, Nolo.‹* Hierauf hob E.K. einen Stein auf und warf ihn ihm nach wie einem Hund. Dann kam er wieder nach Hause, äußerst wütend darüber, daß er nicht mit Alexander kämpfen durfte. Er schimpfte und gestikulierte so zornig und wütend, daß dies der Beweis dafür war, daß der böse Feind entweder E.K. oder mich zerstören wollte …«

Aufgrund von Kellys Benehmen hielt man sie eher für Banditen als für Propheten. Vielleicht fielen Curtzius' Berichte an Rudolf aus diesem Grund nicht besonders schmeichelhaft aus. Schon bald mußte Dee den spanischen Botschafter darum bitten, für ihn bei Rudolf ein gutes Wort einzulegen. Dies war eine merkwürdige Bitte, weil Spanien Englands größter Feind war. Außerdem war bekannt, daß Dee an der Planung von Drakes Weltreise, bei der kriegerisch gegen spanische Kolonien vorgegangen werden sollte, beteiligt war. Daß Dee einen offensichtlichen Feind um Hilfe bat, zeigt, in welch verzweifelter Lage er damals war.

Sie hatten damals nur noch wenig Geld, und es blieben ihnen nur Versprechungen der Engel; dies ist der einzige Zeitpunkt, an dem

sprache ist scheinbar zufällig, und die Sprache gilt als Ursprache des Hebräischen, also ist auch die Kabbala mit im Spiel. Außerdem sind henochische Zahlen unverständlich, wenn man irgendein bekanntes Zahlensystem zugrunde legt.

Wir können nicht ausschließen, daß Kelly in Verbindung mit etwas außerhalb seines normalen Bewußtseins stand. Es sieht so aus, als ob die Engelsmagie für Dee und Kelly tatsächlich funktionierte, zumindest in gewisser Weise. Kellys Engel übermittelten mehr als nur die Engelssprache. Mit der Zeit beherrschten sie Dees Leben und das seiner Familie und Anhänger immer mehr. Auf die Aufforderung der Engel hin war Dee im Begriff, in die ungewöhnlichste und gefährlichste Phase seines langen und ereignisreichen Lebens einzutreten.

___

* Ich will nicht (kämpfen), Lord Kelly, ich will nicht (kämpfen).

6

Die Folgen von Dees Magie

Was immer wir von der Engelssprache und den Schlüsseln der Engel halten – Dee selbst war von seiner neuen Enthüllung höchst begeistert. Wie die meisten Engelszauberer hatte er große Ehrfurcht vor dem Hebräischen und der Kabbala. Die Entdeckung einer Sprache, die älter und mächtiger als Hebräisch schien, war sozusagen das magische Gegenstück zur Atomenergie. Dee war trotz wachsenden Drucks und einiger Probleme entschlossen, dieser neuen Wendung seiner Forschungsarbeiten zu folgen.

Der Heilige Römische Kaiser

Lasky hatte sein Versprechen, Dee zu unterstützen, immer noch nicht eingelöst, und langsam ging Dee das Geld aus. Zu allem Übel hatte Kelly privat mit einigen Experimenten und Forschungen begonnen. Als Dee herausfand, daß Kelly schwarzarbeitete, wurde er sehr ärgerlich, denn er glaubte, Kellys Sonderaktivitäten würden die echten Engel davon abhalten zu erscheinen. Unter großen Schwierigkeiten und verwirrenden Umständen ließen sie sich schließlich die restlichen Schlüssel der Engel diktieren. Mit diesen, so behaupteten die Engel, könnten sie sehr mächtige Engel herbeirufen, die über verschiedene Gebiete der Welt herrschten.

Dee spürte, daß er etwas auf der Spur war. Da er Laskys lauwarme, unrentable Unterstützung satt hatte, beschloß er – wozu er von den Engeln kräftig ermuntert wurde –, den deutschen Kaiser Rudolf um Schutzherrschaft zu bitten. Mit Empfehlungsschreiben von Lasky reisten Dee und Kelly gemeinsam nach Prag, wohin ihnen später ihre Frauen und Diener nachfolgten.

Verständlicherweise suchte Dee sich Rudolf als nächsten Förderer aus. Dieser interessierte sich für mystische und magische Experimente und unterstützte bekanntlich Gelehrte, Astrologen und Zauberer. Einer davon war Johannes Kepler, der für Rudolf ein magi-

sches, mit verschiedenen Planetensigillen verziertes Trinkg tigte.* Dee hatte allen Grund zu glauben, daß man ihn wi heißen würde, wahrscheinlich weil er Rudolfs Vater einst gewidmet hatte. Außerdem sagten die Engel voraus, d wenn er ihre Vorschläge befolgte, der größte Eroberer der den und sogar Konstantinopel von den Türken zurückerol

Dee traf sich nur einmal mit Rudolf. Aus dessen Inter Dee, daß ihr Gespräch ganz zufriedenstellend verlaufen gestattete Dee aber keinen weiteren Besuch mehr, son statt dessen einen gewissen Doktor Curtzius, der De überprüfen sollte. Dee »öffnete seine Bücher« diesem ihm versprach, dem Kaiser wohlwollend darüber zu beri

In der Zwischenzeit tat Kelly sein Möglichstes, um ih der Stadt zu untergraben. Einmal geriet er in eine öffe gerei, die ihrer beider Ruf, als heilige Männer Gespräc zu führen, nicht gerade dienlich war. Dieser interessan viel über Kellys Charakter und Dees offensichtliche Ve über aus, daß er sich mit solch einem sprunghaften M ben mußte.

Eines Nachts[1] hielt sich Kelly mit mehreren L Schänke auf. Zu diesen Leuten gehörte ein gewisser Diener Graf Laskys, der mit Dee und Kelly nach war. Der angetrunkene Kelly drohte Alexander wäh deutenden Streits, er werde »ihm den Kopf a berührte ihn mit seinem Spazierstock ein wenig am ander, der auch viel getrunken hatte, wurde wütend jener Worte sehr gekränkt. Er wollte sich verteidig halb zur Waffe.«

Der betrunkene und rührselige Alexander ging z sehr und beschwerte sich über E.K.s Worte und dem Stock, und daß es gegen seine Ehre gehe, s lassen. Er benutzte meistens Soldatenjargon, der

---

* Kepler entdeckte später die elliptischen Umlaufbahnen wies damit Kopernikus' Theorie, daß sich die Planeten u die Erde drehten. Es gibt zwar keine Aufzeichnungen da Kepler je begegnet sind, aber sie waren sicherlich Gleic seiner Jugend ein Befürworter von Kopernikus' Thesen ** Die Zitate stammen aus Dees Tagebüchern.

Abb. 21: Sir Edward Kelly²

wir auch am Rande etwas über Dees leidgeprüfte Frau erfahren. Sie schrieb den Engeln einen rührenden, traurigen Brief und bat demütig um Beistand zur Lösung ihrer finanziellen Notlage:

Wir bitten Gott in seiner unendlich großen Gnade, uns die Hilfe dieser himmlischen geheimnisvollen Wesen zu gewähren, damit wir von ihnen erfahren, wie oder von wem uns in unserer derzeitigen Notlage geholfen wird: ausreichende und notwendige Versorgung, Essen und Trinken für uns und unsere Familien. An diesen Dingen mangelt es uns derzeit sehr ... und was uns am härtesten trifft – obwohl wir in vollstem Vertrauen so handeln, wie wir es Seiner himmlischen Majestät gelobt haben (vermittelst des Rats und des Beistands seiner heiligen Engel), ist, Dinge wie unsere Hauseinrichtung und unsere Kleidung an Leute zu verpfänden, die sich gegen seine göttliche Majestät auflehnen, nämlich die Juden, oder an die bösartigen und verleumderischen Bewohner dieser Stadt: Darum bitte

91

ich, Jane Dee, Gott demütig, und bekenne mich als seine Dienerin und Magd, die ihm ihren Leib und ihre Seele anvertraut. (Gezeichnet) Jane Dee[3]

Es war offenbar nicht einfach, die Frau eines Engelsmagiers zu sein. Die Antwort der Engel lautete, sie solle in der Küche bleiben und sich nicht in göttliche Dinge einmischen. Was immer Kellys Engel gewesen sein mögen – politisch korrekt waren sie jedenfalls nicht.

Jane Dees Brief an die Engel zeigt uns, was Dees Umwelt von den Engeln hielt. Die Engel – oder besser gesagt, die Engel, so wie Kelly sie wahrnahm – hatten das Sagen, wiesen die Gruppe an, wohin sie gehen sollte, mit wem sie Kontakt aufnehmen, wo sie wohnen sollte und so weiter. Genauso wie die Shaker von Mother Anns Geistführern oder die Mormonen von Joseph Smiths Goldplatten geführt wurden, handelten Dee und die anderen im Vertrauen darauf, daß die Engel wußten, was für alle Beteiligten am besten war.

Im Frühjahr 1585 erhielt Dee Nachricht von Lasky, daß Stephan, der König von Polen, an seinen Experimenten interessiert sei. Dee und Kelly begaben sich eilends nach Krakau, wo sie ihrem potentiellen neuen Schutzherrn mehrere Zeremonien vorführten.

Stephan wurde durch Heirat König von Polen, stellte aber bald sein Können unter Beweis, indem er erfolgreich gegen Iwan IV. von Rußland kämpfte und 1582 die Stadt Polotsk einnahm. Er war ein kluger Politiker und tapferer Soldat – gewalttätig, grausam und intolerant. Bei offiziellen Anlässen trug er bekanntlich einen Goldhelm mit runden Ohrenklappen, einen Umhang aus Leopardenfell und einen Schild, auf den ein Adlerflügel – mit Federn und allem – genagelt war. Sein Pferd ließ er hellrot bemalen und mit goldenen Hufeisen beschlagen. Diese waren nur lose befestigt, so daß sie während der Prozessionen herunterfielen. Damit wollte Stephan zeigen, daß er so reich war, daß ihm Gold unwichtig war. (Die Hufeisen wurden aber hinterher sorgfältig von seinen Dienern aufgesammelt.)

Irgendwie erscheint es erstaunlich, daß solch ein Mann an Dees Arbeiten Interesse haben sollte; aber in Stephans Familie bestand großes Interesse an Okkultem. Stephan entstammte derselben Familie wie Vlad Tepeş, genannt Dracula, der grausame Fürst, auf dem die Romanfigur des Grafen Dracula basiert. Stephans Nichte, Elisabeth Báthory, sollte als die grausamste Frau in die Geschichte eingehen.

Bei einem alchimistischen Experiment badete sie im Blut von Hunderten erschlagener Jungfrauen, da sie hoffte, daß deren Lebenskraft sie jung erhalten werde.

Die Engel versprachen Stephan, daß Kaiser Rudolf ermordet werden und Stephan ihm auf den Thron von Deutschland nachfolgen werde. Stephan nahm an mindestens einer Zeremonie teil, hielt das Ganze aber für nicht weiter interessant.

Inzwischen war Dee in großen finanziellen Nöten. Er und Kelly kehrten nach Prag zurück, blieben dort aber nicht lange. Ein Repräsentant des Papstes drohte, Rudolf zu exkommunizieren, falls er weiterhin englische Magier und Ketzer an seinem Hof aufnahm, und Dee und seine Leute mußten fliehen. Durch einen großen Glücksfall gerieten sie an einen gewissen Graf Rosenberg, einen sehr wohlhabenden Edelmann, der sie in seinem Schloß in Třeboň im Königreich Böhmen aufnahm.

Der Vertrauenstest

In Rosenbergs Schloß in Třeboň sollte Dees Vertrauen zu den Engeln auf die bislang härteste Probe gestellt werden. Sie wiesen ihn und Kelly an, »ihre Frauen gemeinsam zu haben«, was wohl Partnertausch bedeutete. Dee traute seinen Ohren nicht. Er bat um Erklärung und hoffte, der Vorschlag sei lediglich eine andere Ausdrucksweise für gute christliche Nächstenliebe, aber die Engel sagten ganz deutlich, Gott erwarte, daß Dee und Kelly dieser Anweisung aufs Wort gehorchten.

Das taten sie auch, und dieser Vorfall sollte mehr als jeder andere Dees guten Ruf ruinieren. Für Historiker, die an Engel glauben – wie Meric Casaubon, der Dees Tagebücher 1654 veröffentlichte –, ist der Frauentausch der Beweis dafür, daß Dee von Teufeln irregeführt wurde. Für diejenigen, die nicht an Engel glauben, wurde Dee lediglich von Kelly irregeführt, der ein Auge auf Dees Frau geworfen hatte. Dees Teilnahme an einem scheinbar ganz offensichtlichen Komplott ließ ihn als solch einen Trottel erscheinen, daß dies all seine früheren Errungenschaften zunichte machte.

Beide Ansichten sind unrealistisch. Die Wahrheit war zugleich einfacher und komplexer. Dee und Kelly hatten unter der Obhut der

Engel ihren eigenen Kult geschaffen, bei dem Kellys Engel die Entscheidungen trafen. Es ist nicht ungewöhnlich, daß religiöse Kulte als Symbol ihrer Einzigartigkeit unorthodoxe sexuelle Praktiken einführen. Die Shaker setzten beispielsweise totale Enthaltsamkeit durch. Die ersten Mormonen übernahmen die Polygamie. In jüngerer Zeit verheirateten die Davidianer der Siebenten-Tags-Adventisten all ihre Frauen mit einem einzigen Mann. So betrachtet ist der Plan, die Frauen zu tauschen, nur die logische Folge von Dees und Kellys Lage.

Das heißt nicht, daß Dees Umgebung keinen psychologischen Druck ausübte. Es ist durchaus denkbar, daß eine gewisse sexuelle Energie zwischen den beiden Freunden und ihren Frauen bestand.

Dee und Kelly hielten den Frauentausch eindeutig für einen Vertrauenstest. Dee war schon bei dem Gedanken entsetzt und begann die Engel »Erscheinungen« zu nennen, als bezweifelte er ihre Existenz. Die beiden Frauen »waren mit diesem letzten Befehl überhaupt nicht einverstanden« und wollten nicht mitmachen. Kelly reagierte sehr wütend auf die Forderung und behauptete hartnäckig, der Test beweise, daß die Engel Teufel seien. Es gibt auch die These, daß Kelly schlau seine inneren Lustgefühle verbarg und nach außen hin den Entrüsteten spielte. Diese Interpretation ist aber allzu spitzfindig. Ein Lügner und Verführer hätte sicher nicht so lautstark Einspruch erhoben, um nicht allzu überzeugend auf seine Opfer zu wirken.

Ich meine, der Frauentausch war genau das, was die Engel meinten – ein Test. Dee und Kompanie waren keine Christen mehr. Durch diesen einzigartigen Akt wurden sie zu einer engen Gemeinschaft, die ein Geheimnis hatte, etwas, das sie, wenn es bekannt würde, aus der Gesellschaft ausgestoßen hätte. Kellys Engel formulierten das so:

Siehe diese vier, wer könnte behaupten, sie haben gesündigt? Wem sollen sie Rechenschaft ablegen? Nicht euch, den Söhnen von Menschen, auch nicht euren Kindern, denn das Urteil über seine Diener obliegt dem Herrn.[4]

Endlich Erfolg

Was immer man von dem Frauentausch halten mag – Dees und Kellys Magie wurde von diesem Zeitpunkt an sehr sonderbar.
Zuerst änderte sich ihre Art der Kommunikation mit den Engeln. In früheren Zeremonien erschienen die Engel sehr fromm. Jetzt diktierten sie Absätze voller sexueller Metaphorik:

Ich bin die Tochter der Tapferkeit und werde stündlich entehrt. Meine Füße sind schneller als die Winde, und meine Hände zärtlicher als der Morgentau. Ich werde entjungfert und bleibe doch Jungfrau. Nachts bin ich süß und am Tag voller Liebreiz. Ich bin eine Hure für die, die mich entehren, und eine Jungfrau für die, die mich nicht kennen. Denn siehe, ich werde von vielen geliebt und bin vielen eine Geliebte. Werft eure alten Huren raus und verbrennt ihre Kleider; verkehrt nicht mit anderen Frauen, die entweiht und dirnenhaft und nicht so gutaussehend und schön sind wie ich. Und dann werde ich kommen und unter euch weilen, und siehe, ich werde euch Kinder gebären. Ich werde meine Gewänder öffnen und nackt vor euch stehen, um eure Liebe noch mehr zu entflammen.[5]

Diese »Sexualisierung« der Engelsvisionen paßte zu der Sexualisierung der Beziehung zwischen Dee, Kelly und ihren Frauen.
Noch eine weitere, viel wichtigere Veränderung fand damals statt. Bislang war Dee passiver Beobachter gewesen. Sein Kontakt mit den Engeln fand bisher über Kellys Augen und Ohren statt. Er selbst hatte niemals etwas gesehen. Jetzt aber geschahen Dinge, die er mit eigenen Augen sehen konnte:

Da erschien eine große feurige Flamme im größeren Stein (beide Steine standen vor E.K. auf dem Tisch) … Plötzlich schien jemand durch das vierte Fenster der Kapelle hereinzukommen … der Stein wurde eine Handbreit hochgehoben und wieder abgesetzt. Die Gestalt am Fenster schien mit ausgebreiteten Armen auf E.K. zuzukommen. Bei ihrem Anblick wich er etwas zurück, und dann nahm dieses Wesen den Stein und den goldenen Rahmen in beide Hände und entfernte sich, wie es gekommen war. E.K. wollte es festhalten, konnte es aber nicht berühren … E.K. war in großer Angst und zitterte und hatte eine Zeitlang starkes Herzklopfen. Aber ich war hoch erfreut.[6]

Dee war »hoch erfreut«, weil er endlich den notwendigen physischen Beweis hatte, um an die Wahrheit seiner Experimente zu glauben. Bisher hatte er fest daran geglaubt und Kelly ein unerklärliches Vertrauen entgegengebracht. Jetzt hatte er den Beweis, daß er auf der richtigen Spur war.

Wenn Sie die Vorstellung nicht akzeptieren, daß Dee und Kelly mit Engeln kommunizierten, gibt es nur drei Erklärungen dafür: Erstens: Dee erfand diese Dinge und schrieb sie anschließend in sein Tagebuch; zweitens: Dee hatte Halluzinationen; oder drittens: Kelly betrieb so etwas wie Bühnenzauber. Keine dieser Erklärungen ist recht befriedigend.

Die erste Erklärung ergibt keinen Sinn, weil Dees Tagebücher eindeutig nur zu seinem eigenen Gebrauch bestimmt waren. Warum sollte Dee falsche Angaben in einem privaten Dokument machen? Die zweite Erklärung – daß Dee Halluzinationen hatte – ist auch unlogisch. Warum sollte Dee plötzlich Halluzinationen bekommen? Und wenn, dann würde man doch annehmen, daß er dieselben Engel sah, die Kelly so detailliert beschrieb. Die dritte Erklärung – daß Kelly Bühnenzauber betrieb – scheint zunächst die einzige zu sein; aber auch dagegen läßt sich etwas einwenden. Am offensichtlichsten ist, daß Dee für sein Talent zur Bühnenillusion bereits bekannt war. (Erinnern Sie sich an den »magischen« fliegenden Skarabäus?) Kelly hatte genausowenig Anlaß, Dee hinters Licht zu führen, wie Sie oder ich Grund hätten, einen ausgebildeten Bühnenzauberer mit einem Kindertrick irrezuführen.

Des weiteren ist einzuwenden, daß die Bühnenmagie der Renaissance für die besagte Illusion einfach nicht ausgefeilt genug war. Eine schwere Kristallkugel durch die Luft und aus einem Fenster fliegen zu lassen und sie dann unversehrt zurückzuholen wäre auch heutzutage ein rätselhafter Trick. Es wäre unmöglich erschienen zu einer Zeit, als der folgende Trick aus einem 1584 erschienenen Buch als hochmodern galt:

Nimm einen sehr großen Ball in die linke Hand oder drei gleich große Bälle; und während du einen oder drei kleine Bälle zeigst, tu so, als legtest du sie in deine linke Hand. Verbirg dabei gut die anderen Bälle, die vorher da waren: benutze dann Worte, und tu so, als ließest du sie anschwellen, und öffne deine Hand usw.[7]

Der dritte und letzte Einwand gegen die Theorie von der Bühnenillusion ist, daß der Zeitpunkt falsch gewählt war. Warum sollte
Kelly bis nach dem Frauentausch warten, um die Realität der Engels-
kontakte zu beweisen? Hätte er Absichten mit Dees Frau gehabt,
wäre es da nicht viel sinnvoller gewesen, diese dramatische Vor-
führung vorher stattfinden zu lassen, als Dee die ganze Sache an-
zweifelte?

Keine der drei Erklärungen für das Schwebeexperiment sind ganz
befriedigend. Wir müssen zumindest in Erwägung ziehen, daß Kelly
etwas erlebte, das jenseits unserer gängigen Vorstellung von Wissenschaft liegt. Ist das der Fall, dann hatte Dee wohl recht, als er glaubte,
sie seien auf etwas sehr Mächtiges gestoßen.

Ein weiterer Hinweis darauf, daß etwas Ungewöhnliches vorging,
ist, daß Dee glaubte, er habe es endlich geschafft, Rohmaterial in
Gold zu verwandeln. Gemäß zumindest einer Quelle schnitt Dee in
einer Dezembernacht des Jahres 1586 ein Stück Metall aus einer
messingenen Wärmepfanne, erhitzte es, fügte das Elixier hinzu und
machte daraus reines Silber. Dann schickte er die Wärmepfanne und
das Stück Silber Königin Elizabeth, als Beweis für seine erfolgreichen
alchimistischen Experimente. Zur selben Zeit begannen Dee und
Kelly Geld auszugeben, als wären sie sehr reich. Kelly soll bei der
Hochzeitsfeier für eine seiner Hausangestellten Goldringe im Wert
von viertausend Pfund Sterling gekauft haben.[8]

Der Magier der Königin

Fanden Dee und Kelly den Stein der Weisen und verwandelten
unedle Metalle in Silber und Gold? Dees Zeitgenossen waren davon
gewiß überzeugt. Trotz ihres sichtbaren Erfolgs trennten sich die
beiden aber kurze Zeit später.

Kelly verließ Dee und trat in die Dienste Kaiser Rudolfs. Da dieser
Dee und Kelly feindlich gesinnt war, läßt sich dieser Schritt nur damit erklären, daß auch der Kaiser an Dees und Kellys Erfolg bei einer
Sache glaubte, an der so viele andere gescheitert waren. Während
Kelly in des Kaisers Diensten stand, schrieb er ein Buch über Alchimie, in dem er weder Dee noch die Engelsmagie direkt erwähnt. Eine
indirekte Anspielung auf Dee in diesem Buch läßt aber darauf

schließen, daß sie im Guten auseinandergingen. Kelly schreibt in seinem an Rudolf gerichteten Vorwort:

Ein mir vertrauter Bekannter mit Wissen auf vielen verschiedenen Gebieten hat mir eines beigebracht: daß nichts älter, vorzüglicher oder wünschenswerter ist als Wahrheit, und wer immer das vergißt, muß sein Leben lang ein Schattendasein fristen. Trotzdem war es schon immer so (und wird immer so sein), daß die Menschheit Barabbas freiläßt und Christus kreuzigt.[9]

Kelly hatte allen Grund zur Klage: Der Kaiser hatte aus seinem Ehrengast einen Gefangenen gemacht.

Kelly war anscheinend nicht imstande, seinen und Dees Erfolg in Třeboň zu wiederholen, obwohl Dee ihm das Elixier und alchimistische Geräte überlassen hatte. Der Kaiser nahm natürlich an, daß Kelly ihm die Verwandlungsgeheimnisse vorenthielt. Bei dem Versuch, über eine aus Laken geknüpfte Leiter aus seinem Turmverlies zu fliehen, starb Kelly 1595.[10] Es heißt, er sei so dick gewesen, daß die Leine sein Gewicht nicht halten konnte.

Zu dieser Zeit war Dee bereits in England. Im Jahr 1589 war er im großen Stil nach England zurückgekehrt, eher wie ein Botschafter als ein Privatbürger. Er hatte drei Kutschen mit je vier Pferden, zahlreiche beladene Wagen und eine aus bis zu vierundzwanzig Soldaten bestehende Garde, die ihn auf seiner Reise beschützen sollte. Die Königin begab sich nach Richmond, um ihn persönlich zu begrüßen.

Elizabeth glaubte vermutlich – so wie auch alle anderen damals –, Dee habe den Stein der Weisen gefunden. Wahrscheinlich war sie sehr an der Engelsmagie interessiert, die, davon war Dee überzeugt, die Quelle seines Erfolges war. Elizabeth erteilte ihm die Sondergenehmigung, alle – alchimistischen oder magischen – Experimente zu machen, die er machen wollte. Das war die Gelegenheit, auf die Dee gewartet hatte. Jetzt hatte er Rückendeckung von einer einflußreichen Monarchin und auch die finanziellen Mittel zur Fortsetzung seiner Forschungen. Von Dees magischen Tagebüchern aus dieser Zeit ist kein einziges mehr erhalten. Da es aber noch viele andere magische Aufzeichnungen von ihm gibt, wurden die Tagebücher wahrscheinlich absichtlich vernichtet, vielleicht weil Elizabeth und wichtige Personen an ihrem Hof direkt in seine Engelsmagie verwickelt waren. Die breite Bevölkerung stand der Engelsmagie sehr skeptisch gegenüber. Wäre die Beteiligung der Königin an diesen Dingen bekannt geworden, wäre das politisch gesehen sehr gefährlich gewesen. Ob Dees Engelsmagie damals erfolgreich war oder nicht, bleibt fraglich. Fest steht jedenfalls, daß seine Experimente großzügig finanziert wurden. Im British Museum befindet sich immer noch ein Talisman aus massivem Gold aus der Zeit, als Dee Engelsmagie betrieb. Solch einen teuren Gegenstand hätte er sich ohne die Unterstützung einer sehr wohlhabenden Person wohl nicht leisten können.

Vermutlich war das Bindeglied zwischen Dee und Elizabeth kein anderer als Sir Walter Raleigh. Er hatte mit Alchimie und okkulten Praktiken zu tun,[11] und zusammen mit ihm gründete Dee damals eine alternative Universität für das Studium von Fächern, die in Oxford oder Cambridge nicht gelehrt wurden.[12] Ihnen schlossen sich zahlreiche interessante Persönlichkeiten an, darunter Henry Percy (der sogenannte »Zaubergraf«), der Dichter John Donne und der Dramatiker Christopher Marlowe.

Verrat und Schande

Christopher Marlowe war es, der Dees Unterstützung und Billigung von seiten der Königin ein Ende bereitete. Er schrieb ein Theaterstück, in dem er Dee scharf satirisch darstellte und es Elizabeth unmöglich machte, Dees Experimente weiterhin öffentlich oder privat zu unterstützen.

Das Stück – »The tragical history of Doctor Faustus« – war sicher eines der widersprüchlichsten Werke des elisabethanischen Zeitalters. Wahrscheinlich werden wir nie erfahren, weshalb Marlowe seine einstigen Freunde verriet, aber es ist historisch verbürgt, daß das Stück sofort eine Sensation war. Die Sondereffekte, darunter täuschend echte feuerspeiende Teufel, glichen dem auf der Bühne praktizierten Realismus der Engelsmagie. Das Ganze war so wirklichkeitsnah und beeindruckend, daß man noch hundert Jahre später glaubte, ein echter Dämon habe während einer der ersten Vorführungen des Stückes seine Hand im Spiel gehabt.[13]

Die Zuschauer waren von dem Stück entsetzt. Es löste zunehmende Intoleranz gegenüber der Engelsmagie aus, die immer mehr gegen Dee und seine Gruppe okkulter Experimentierer gerichtet war.

Obwohl das Stück offensichtlich auf einem halblegendären Zauberer namens Johannes Faustus basierte, erkannte das zeitgenössische Publikum in Marlowes Figur sofort eine Parodie auf den berühmten John Dee.

Die Parallelen zwischen Faustus und Dee werden von dem Augenblick an deutlich, als Faustus zu sprechen beginnt. Im folgenden sehen Sie einen Vergleich des Textes aus dem Stück mit Einträgen aus Dees eigenen Tagebüchern.

Aus »Doctor Faustus«:

Laß das Studieren sein, Faustus, und fange an, die Tiefen dessen auszuloten, was du kundtun wirst. Sind richtige Streitgespräche das erstrebte Ziel der Logik? Verlangt diese Kunst nicht nach einem größeren Wunder? Dann lies nicht mehr; dieses Ziel hast du erreicht. Ein wichtigeres Thema gebührt Faustus' Verstand. Dann werde Arzt, Faustus, häufe Gold auf und laß dich wegen irgendeiner Wunderkur verewigen. Was, Faustus, hast du dieses Ziel nicht schon erreicht? Erinnern nicht überall deine Plakate daran, daß ganze Städte der Pest entkommen sind? Medizin, lebewohl. Wie ist es mit Juristerei? Nur unbedeutende, armselige Hinterlassenschaften! Diese Studien passen zu einem Tagelöhner, der sich abrackert und nur nach äußerlichem Tand trachtet. Diese nekromantischen Bücher sind himmlisch. O welch eine Welt voll Gewinn und Entzücken, von Stärke, Ehre, Allmacht winkt dem eifrigen Handwerker. Alles, was sich zwischen den ruhenden Polen bewegt, wird meinem Willen unterworfen sein. Die Magie, die Magie ist es, die mich fasziniert.[14]

Aus Dees Tagebuch:

Seit meiner Jugend habe ich mir von Gott sehnlichst reine und fundierte Weisheit und Verständnis für natürliche und künstliche Wahrheiten erbeten, damit ich im Rahmen meiner Fähigkeiten aus der ganzen Fülle von Gottes Weisheit, Güte und Macht, die mir auf dieser Welt zuteil wurde, schöpfen könnte ...

Deshalb habe ich viele Jahre an vielen nahen und fernen Orten nach vielen Büchern in verschiedenen Sprachen gesucht und sie studiert, habe mit unterschiedlichen Männern gesprochen und mich mit meinem eigenen vernunftgesteuerten Diskurs abgequält, um irgendeine Ahnung, einen Schimmer oder Strahl dieser grundlegenden Wahrheiten zu finden. Doch trotz all meiner Anstrengungen konnte ich keinen anderen Weg finden, solche Weisheit zu erlangen, als durch die Außergewöhnliche Gabe, nicht aber in irgendeiner gewöhnlichen Schule, durch eine Doktrin oder menschliche Erfindung. … Deshalb habe ich oft genug erfahren und wurde darin bestätigt, daß ich diese Weisheit nie durch Menschenhand oder Menschenkraft erlangen würde, sondern nur von Gott, direkt oder indirekt.[15]

Marlowe hatte ganz eindeutig Dee im Visier, als er Doktor Faustus den Heiligen Römischen Kaiser und den Papst besuchen ließ. Es handelte sich hierbei um abgewandelte Versionen von Dees Reisen auf dem Kontinent. Marlowes Faustus lieferte dem Volk erneut den Beweis dafür, daß Engelsmagie nicht nur real, sondern verurteilenswert war. Das waren schlechte Nachrichten für John Dee. Dem bekannten gelehrten Frances Yates zufolge war Marlowes Propaganda mit dafür verantwortlich, daß Dees Ruf schlechter wurde und ihn die Königin und ihr Hof nicht mehr fördern konnten. Der Grund war, daß Marlowes »Doctor Faustus« Dee – und infolgedessen ganz allgemein den Renaissancemagier – mit der Teufelsverehrung in Zusammenhang brachte. Damit konnte sich die herrschende Klasse bei der breiten Bevölkerung wohl kaum beliebt machen.[16]

Marlowe wurde – vielleicht wegen seiner Indiskretion – wenig später unter sehr mysteriösen Umständen umgebracht. Laut zeitgenössischen Aussagen lief er Gefahr, »einige bedeutende Männer« in einen öffentlichen Skandal zu verwickeln, und es gab an hoher Stelle Personen, die daran interessiert waren, daß »ein so gefährlicher Mann zum Schweigen gebracht werden müsse«.

Marlowe hatte man zwar mundtot gemacht, aber der Schaden war bereits angerichtet. Die Königin und ihr Hof konnten Dee weder offen noch heimlich weiterhin unterstützen. Ohne die königliche Förderung brach Dees Engelsmagie zusammen, und er mußte sich zurückziehen. Er übernahm die Aufsicht am College von Manchester und bekleidete diesen Posten bis einige Jahre vor seinem Tod.

Das bittere Ende

Mit zunehmendem Alter begann Dee sich über Armut und verschiedene Schwierigkeiten zu beklagen. Das Geld, das er von seinen Kirchenämtern erhalten sollte, bekam er nie zu sehen. Zudem waren seine Bibliothek und sein Labor während seines Aufenthalts in Europa geplündert und niedergebrannt worden. Er erwartete eine Entschädigung von Elizabeth, die ihm zwar zwei- oder dreimal geringfügige Summen Geld schickte, aber größere Beträge blieben aus.

Dees Briefe aus dieser Zeit klingen mißmutig und verbittert. Er wurde älter – genauso wie seine Förderin –, und wahrscheinlich fehlte ihm sein früherer hoher Lebensstandard. Schließlich zog er sich ganz aus dem öffentlichen Leben zurück und begab sich in sein altes Zuhause in Mortlake. Er war geradezu besessen davon, seinen Namen vom Vorwurf der Schwarzen Magie reinzuwaschen. Nach Elizabeths Tod bat er sogar König James darum, ihn wegen Zauberei vor Gericht zu stellen. Zum Glück ignorierte James die Bitte des alternden Magiers.

Dee praktizierte Engelsmagie bis an sein Lebensende. Noch ein Jahr vor seinem Tod vermerkte er in seinen Tagebüchern, daß er mit Hilfe der Engelsmagie versuchte, in der Erde vergrabene Schätze zu entdecken. Er hatte aber keinen Erfolg und mußte all seine kostbaren Bücher verkaufen, nur um zu überleben. 1608 starb er vereinsamt, jedoch nicht völlig vergessen.

Es gab noch ein Theaterstück über einen Zauberer, ein Stück, in dem der Engelsmagier wieder ein mächtiger Mann war, der letztlich zum Wohl der Menschheit arbeitete. Es war Shakespeares »Der Sturm«, der Zauberer war Prospero, und die folgenden Worte – die letzten, die Shakespeare geschrieben hat – sind der passende Nachruf auf das Leben des Doktor John Dee:

> *Hin sind meine Zauberein,*
> *Was von Kraft mir bleibt, ist mein,*
> *Und das ist wenig: (…)*
> *Kein Geist, der mein Gebot erkennt;*
> *Verzweiflung ist mein Lebensend',*
> *Wenn nicht Gebet mir Hülfe bringt,*
> *Welches so zum Himmel dringt,*
> *Daß es Gewalt der Gnade tut*
> *Und macht jedweden Fehltritt gut.*
>
> *Wo ihr begnadigt wünscht zu sein,*
> *Laßt eure Nachsicht mich befrein.*[17]

7
Geisterzauber

Als das Interesse am Engelszauber zunahm, wurde er Bestandteil der Volkskultur in der Renaissance. Es entstand eine neue Art der Magie: der Geisterzauber, mit dem man Macht über die Naturgeister aus den Volkserzählungen ausüben konnte.

Die breite Masse hielt Engelszauber für etwas sehr Gefährliches. Ein Engelsmagier konnte noch so hehre Ziele verfolgen und nur mit guten Engeln kommunizieren – es bestand trotzdem immer die Gefahr der Täuschung. Man glaubte tatsächlich, John Dee sei von bösen Geistern irregeführt worden, auch als er meinte, er habe Kontakt mit Gottes heiligsten Wesen.

Die breite Masse wollte schließlich eine harmlose Form der Engelsmagie, und der Geisterzauber wurde diesem Bedürfnis gerecht. Viele Leute glaubten, das Geistervolk seien neutrale Engel, die nicht an dem Kampf zwischen Gut und Böse teilgenommen hatten. Das Geistervolk lebte in den Wäldern und Wiesen, es war den Menschen vertraut und bekannt und führte keinen Möchtegern-Engelszauberer in Versuchung oder in die Selbstzerstörung.

Früher Geisterzauber

Einige der ersten Rituale des Geisterzaubers, über die es Aufzeichnungen gibt, tauchen in einem Manuskript des 17. Jahrhunderts auf, wenngleich das darin verwendete Latein auf eine frühere Zeit hinweist. Die Rituale, die wir uns genauer ansehen wollen, beginnen mit einer Zauberformel, um die Feenkönigin (wörtlich: die Königin der Pygmäen, d.h. der Zwerge) herbeizurufen, eine legendäre Wesenheit, die so etwas wie die Muttergöttin im alten Britannien war. Die Zauberformel weist christliche Züge auf, hinter denen die Auffassung steht, daß der Name Gottes Macht über die Königin hat. Ich gebe die Zauberformel in der ursprünglichen, burlesken lateinischen Fassung wieder:

Micol o tu micoll regina pigmeorum deus Abraham: deus Isacc: deus Jacob: tibi benedicat et omnia fausta danet it concedat. Modo venias et mihi moremgem veni. Igitur o tu micol in nomine Jesus veni cito ters quatur beati in qui nomini Jesu veniunt veni. Igitur O tu micol in nomine Jesu veni cito qui sit omnis honor laus et gloria in omne aeternum. Amen Amen.[1]

Das folgende Ritual, das aus einem anderen Manuskript stammt, soll die Schutzgeister eines verborgenen Schatzes vertreiben. Die Namen der Schutzgeister lassen lateinischen Ursprung vermuten, ein Hinweis darauf, wie alt der Glaube an solche Geister ist. Möglicherweise steht das Ritual in Zusammenhang mit früheren Ritualen, die in Britannien zu einer Zeit gang und gäbe waren, als die römischen Ruinen noch nicht völlig ausgeplündert waren:*

Verabschiedung von Erscheinungen und anderen Geistern oder Elfen von jedwedem Ort oder Gebiet, wo ein Schatz verborgen ist. Zuerst soll der Zauberer sagen: »Im Namen des Vaters, des Sohnes und des Heiligen Geistes, Amen« und dann wie folgt sprechen: »Ich beschwöre euch Geister oder Elfen, euch sieben Schwestern mit den Namen Lilia, Restilia, Foca, Fola, Afryca, Julia, Venuilia. Ich beschwöre euch und befehle euch beim Vater, dem Sohn und dem Heiligen Geist und der heiligen Maria, der Mutter unseres heiligen Herrn und Erlösers Jesus Christus und bei der Verkündigung, der Geburt und der Beschneidung und bei der Taufe und bei seiner heiligen Fastenzeit und bei der Passion, dem Tod und der Wiederauferstehung unseres heiligen Herrn Jesus Christus und beim Kommen des Heiligen Geistes, unseres heiligen Trösters und bei allen Aposteln, Märtyrern und Beichtvätern und auch den Jungfrauen und allen von Gott und unserem Herrn Jesus Christus Auserwählten, daß von jetzt an weder ihr noch ein anderer von euch über dieses Gebiet Macht habt und herrscht, weder drinnen noch draußen noch über diesen Diener des lebendigen Gottes [Name], weder bei Tag noch bei Nacht. Die heilige Dreieinigkeit möge immer über ihm oder ihr walten. Amen. Amen.[2]

Das folgende Ritual veranschaulicht eine seit langem bestehende Tradition der Engelsmagie – ein Geist wird in eine Kristallkugel oder

---

* Ich habe versucht, das Flair des Originaltextes zu bewahren, und ihn nur verändert, damit der moderne Leser seine Bedeutung versteht.

Abb. 22: Hexen beschwören Geister[3]

einen Spiegel eingesperrt. Über diese Methode des Engelszaubers berichtet das »Lemegeton« mit einer kurzen Beschreibung der Zauberflasche, in der Salomon Dämonen einsperrte. Bei dieser merkwürdigen Kombination aus Volkskräuterkunde und hoher Magie fehlen bis auf die Verwendung von Weihwasser jegliche christlichen Elemente. Das nachstehende Ritual geht wohl auf Überbleibsel heidnischer Praktiken im Britannien der Renaissancezeit zurück:

Eine hervorragende Methode, um eines Geistes habhaft zu werden ... der noch nicht gebannt ist. Besorge dir zuerst einen breiten quadratischen Kristall oder ein Venusglas, das 8 cm lang und breit ist. Lege dann dieses Glas oder den Kristall an 3 Mittwochen oder 3 Freitagen in das Blut einer weißen Henne. Nimm es dann heraus und wasche es mit heiligem Wasser und räuchere es aus. Nimm dann 3 einjährige Haselnußzweige oder -ruten, schäle sie bis aufs Weiße ab. Glätte die Zweige auf einer Seite, und schreibe darauf die Namen der Geister oder Feen, die du dreimal rufst. Vergrabe sie dann unter einem Hügel, der deiner Meinung nach von Feen heimgesucht wird, am Mittwoch vor der Anrufung, und am darauffolgenden Freitag nimm sie heraus und rufe um 8 oder 3 oder 10 Uhr. Dies sind günstige Zeiten mit günstigen Planetenkonstellationen für diesen Zweck. Aber wenn du sie anrufst, solltest du unbescholten sein und dein Gesicht nach Osten wenden. Und wenn du sie hast, banne sie in diesen Stein oder das Glas.[4]

Die Zeremonie enthält auch ein Rezept für eine Zaubersalbe:*

Eine Salbe, die morgens und abends unter das Augenlid und auf die Augenlider aufgetragen wird, besonders aber bei Anrufungen oder wenn du meinst, du siehst nicht gut genug. (Das heißt, eine Salbe, mit der du Geister sehen kannst.) Gib Salatöl in eine Glasflasche, aber wasche sie zuvor mit Rosenwasser und Wasser aus den Blüten der Ringelblume. Die Blüten sollen nach Osten hin gepflückt werden. Wasche das Öl, bis es weiß wird, gib es dann in die Glasflasche und füge Malvenknospen, die Blüten von Ringelblumen, die Knospen oder Spitzen von wildem Thymian und die Knospen von jungen Haselsträuchern hinzu. Der Thymian muß in der Nähe eines Hügels gepflückt werden, an dem sich die Feen oft aufhalten. Schneide dort

---

* Es muß nicht erwähnt werden, daß man immer mit größter Vorsicht Fremdsubstanzen in die Nähe der Augen bringen sollte. Wir raten von der Anwendung dieser Salbe ab – sie erfolgt auf eigene Gefahr.

auch das Gras von einem Feenthrone ab, gib diese drei Zutaten zusammen mit dem Öl in eine Glasflasche und lasse es 3 Tage in der Sonne stehen, damit es sich auflöst. Danach kannst du es anwenden.[5]

Das folgende Ritual ist Teil einer christianisierten Zeremonie, mit der man eine Fee namens »Elaby Gathen« beschwört. Die magischen Namen in der Zauberformel weisen auf eine Verbindung zu gnostischen Engelsmagie-Texten hin. Es handelt sich um eine direkte Beschwörung, mit der wiederum versucht wird, eine Fee in ein magisches Glas zu bannen.

Ich [Name], rufe dich, Elaby Gathen, im Namen des Vaters, des Sohnes und des Heiligen Geistes, und ich beschwöre dich, Elaby Gathen, beschwöre dich, weise dich an und befehle dir bei Tetragrammaton, Emmanuel, Messias, Sether, Panton, Cratons, Alpha et Omega und bei allen anderen hohen und ehrfurchtgebietenden Namen des allmächtigen Gottes, den aussprechlichen und den unaussprechlichen, und bei allen Tugenden des Heiligen Geistes, bei der Gnade und Vorkenntnis deiner Mächte und deiner Gnade und deiner Tugenden, Elaby, bei allen Mächten und der Gnade und den Tugenden aller heiligen verdienstvollen Jungfrauen und Patriarchen. Und ich beschwöre dich, Elaby Gathen, bei den folgenden heiligen Namen Gottes: Sday, Eloy, Iskyros, Adonai, Sabaoth, hier jetzt sanft und friedlich in dieser Glaskugel zu erscheinen, ohne mich oder irgendein anderes Lebewesen zu verletzen oder zu gefährden, und dazu banne ich dich bei der ganzen Macht und Tugend unseres Herrn Jesus Christus.6

Die Beschwörung der Sibylla

Ein viel ausgefeilteres Beispiel für Geister veröffentlichte Reginald Scot im Jahr 1584. Ich habe Teile der Zeremonie exzerpiert und sich wiederholende, auf die christliche Hierarchie anspielende Zitate weggelassen. Dieses Ritual ist ein hervorragendes Beispiel für eine Feenbeschwörung, denn es vereint christliche, jüdische und heidnische Elemente:

Ich beschwöre dich, Sibylla, o sanfte Jungfrau der Geister, und bei allen Engeln Jupiters und ihren Charakteren und Tugenden, und bei allen Geistern Jupiters und der Venus und ihren Charakteren und Tugenden, und bei al-

len Charakteren, die am Firmament stehen, und beim König und der Königin der Feen und ihren Tugenden, und beim Glauben und dem Gehorsam, den du ihnen entgegenbringst. Ich beschwöre dich, Sibylla, beim Blut, das aus der Seite unseres gekreuzigten Herrn Jesus Christus floß, und bei der Öffnung des Himmels und bei der Verdunklung der Sonne zur Stunde seines Todes, und bei der Auferstehung der Toten zur Stunde seiner Wiederauferstehung und bei der Jungfrau Maria, der Mutter unseres Herrn Jesus Christus, und bei dem unaussprechlichen Namen Gottes, Tetragrammaton. Ich beschwöre dich, o Sibylla, o gnadenvolle und wunderschöne Jungfrau, mit all den wahren ebengesagten Worten; ich beschwöre dich, Sibylla, bei all ihren Tugenden, dich mir in diesem Kreis zu zeigen, in Form und Gestalt einer wunderschönen Frau in einem hellen, weißen Gewand, das hübsch geschmückt und verziert ist, und schnell vor mir zu erscheinen ohne Täuschungsmanöver oder Säumen, und meinen Willen und mein Begehren zu erfüllen.[7]

Das erfolgreiche Bannen einer Fee hatte, so glaubte man, viele Vorteile. Mit dem folgenden Ritual beispielsweise ruft man die Sibylla, um einen Ring, der unsichtbar macht, zu bekommen:

Ich beschwöre euch drei Feenschwestern, Mila, Achila, Sibylla, beim Vater, beim Sohn und beim Heiligen Geist und bei ihren Tugenden und Mächten, und bei dem barmherzigen und lebendigen Gott, der seinem Engel befehlen wird, die Trompete am Tag des Jüngsten Gerichts zu blasen; und er wird sagen: Kommt, kommt, kommt zum Jüngsten Gericht; und bei allen Engeln, Erzengeln, Thronen, den Herrschaften, den Engelsfürsten, den Mächten, den Tugenden, den Cherubim und Seraphim und bei ihren Tugenden und Mächten. Ich beschwöre euch drei Schwestern, bei der Tugend all dieser ebengesagten wahren Worte: Ich weise euch an, euch vor mir zu zeigen, in Form und Gestalt von liebreizenden Frauen in weißen Gewändern, und mir den Ring der Unsichtbarkeit mitzubringen, mit dessen Hilfe ich nach meinem eigenen Willen und Belieben unsichtbar werden kann, und das zu jeder Stunde und jeder Minute. Im Namen des Vaters, des Sohnes und des Heiligen Geistes, Amen.[8]

Die folgende Form der Engelsmagie wurde während der Renaissance praktiziert, wie wir an einer von Sir Walter Scott beschriebenen Prüfung aus dem Jahr 1576 sehen können:

108

Er zeigte ihr eine Gruppe von acht Frauen und vier Männern. Die
Frauen waren in ihre Umhänge eingehüllt und sehr anmutig anzusehen.
Die Fremden grüßten sie und sagten: »Willkommen, Bessie; willst du mit
uns gehen?«Aber Bessie schwieg ... Daraufhin sah sie, wie ihre Lippen sich
bewegten, verstand aber nicht, was sie sagten, und nach kurzer Zeit ent-
fernten sie sich mit einem gräßlichen Heulen, wie dem eines Hurrikans.
[Der Beschwörer] erklärte ihr daraufhin, daß dies die guten Wichte seien
(Geister, die am Hof Elflands wohnten) und sie einluden, mit ihnen dort-
hin zu gehen. Bessie antwortete, daß sie erst darüber nachdenken müsse,
bevor sie diesen Weg einschlug ... [9]

Die Geisterseher

Der Geisterzauber war dem Volksglauben der Landbevölkerung vorbehalten. Eine neue Art von Engelszauberer tauchte auf, der *tabhais-*
ver, der die einheimischen Kobolde wahrnehmen und manchmal beherrschen konnte. Dies war nicht immer eine willkommene Gabe.
Der im folgenden Abschnitt beschriebene Tabhaisver war sichtlich
erschrocken über seine Macht:

Der TABHAISVER oder Seher, der mit dieser Art Wesen kommuniziert,
kann sie mit einem Zauberspruch nach Belieben dazu bringen, vor ihm
oder anderen zu erscheinen, genauso leicht wie die Hexe von Endor mit
ihresgleichen. Er sagt, sie führten nur allzugern Böses im Schilde, erwiesen
den Menschen aber selten Wohltaten. Er erschrickt nicht bei ihrem Anblick,
wenn er sie ruft, aber wenn er sie unvermittelt sieht (was oft geschieht),
macht ihm das angst. Und er wäre froh, wenn er sie los wäre, denn die Sze-
nen, die er sich ansehen muß, wie die Folterung irgendeines Wichtes, ernste,
starrende Geisterblicke, Kämpfe und so weiter, sind gräßlich. [10]

Die Art, wie der Tabhaisver eine Beschwörung praktizierte, war einfacher als die Rituale der Hochrenaissance. Die wunderschönen
Jungfrauen der früheren Beschwörungen sind durch eine Art Troll
oder Kobold ersetzt worden:

Die übliche Methode, wie eine neugierige Person einen flüchtigen Blick auf
diesen ansonsten unsichtbaren Haufen von Unterirdischen erhaschen kann
(falls er allzu unbedacht und voreilig ist) ist, seinen linken Fuß unter den

rechten Fuß des Magiers zu schieben – der Seher wiederum legt seine Hand auf den Kopf des Fragenden, der dem Zauberer über die rechte Schulter schauen muß … dann wird er eine Schar von Wichten sehen, die wie wilde, unerschrockene Männer aussehen und in Scharen hastig aus allen Richtungen auf ihn zukommen, so dick wie Atome in der Luft. Es handelt sich bei ihnen nicht um Nicht-Wesenheiten oder Gespenster oder Auswüchse eines zu Tode Erschrockenen oder eines Verwirrten, Verrückten, sondern sie sind reale Wesen, die einem innerlich gefestigten Mann im Wachzustand erscheinen und eine rationale Prüfung ihrer Existenz bestehen.[11]

Die Tabhaisvers erbten die Tradition der Geistermagie und waren teilweise dafür verantwortlich, daß Rituale der Engelsmagie Eingang in die Volksreligion des ländlichen Britannien fanden. Sogar noch während der Regierungszeit Königin Victorias glaubte man, begabte Menschen, genannt *taishers*, hätten die Macht, fremde Wesen wahrzunehmen. Diese Gabe ließ sich angeblich mit Hilfe von Gebeten beherrschen:

Bei einem Taisher in Caolas auf der Insel Tiree fiel auf, daß er nur widerwillig zu den Mahlzeiten nach Hause ging. Als man ihn diesbezüglich befragte, sagte er, zu Hause sehe er eine schauerliche schwarze Frau, deren Kopf »so schwarz wie ein Topf« sei, und wenn er sie zufällig zu den Mahlzeiten erblickte, mußte er wegen ihres abscheulichen Anblicks vom Tisch aufstehen … Auf der Insel Coll herrschte der Glaube, daß jemand, der das Zweite Gesicht besaß, sich dieser unglückseligen Gabe entledigen und sie von sich verbannen konnte, indem er Almosen verteilte und darum betete, diese Gabe möge verschwinden.[12]

Geistermagie wurde als einzige Form der Engelsmagie seit der Renaissance bis nahezu in dieses Jahrhundert unverändert praktiziert. In jener Form ist die Beschwörung von Feen und Naturgeistern zwar ausgestorben, wird aber vielleicht zu einem späteren Zeitpunkt wieder aufleben.

8
Engelszauber und der Orden des Golden Dawn

Der Engelszauber war zu volkstümlicher Geisterbeschwörung ver-kommen und deshalb für die meisten gebildeten Menschen uninteres-sant geworden. Das sogenannte Zeitalter der Vernunft kündigte sich an. Das schwindende Interesse an der Engelsmagie folgte unmittelbar auf den Zusammenbruch des philosophischen Fundaments, auf dem die Magie beruhte. Die meisten gebildeten Menschen glaubten ent-weder nicht an Engel oder hielten es für unwahrscheinlich, daß diese sich in menschliche Angelegenheiten einmischten. Sogar jene Priester und Theologen, die an ein direktes Eingreifen von seiten der Engel glaubten, lehnten die Vorstellung ab, daß ein Magier mit seinen Be-schwörungen solch hochrangige Wesen beherrschen konnte.

Die Zeit nach der Renaissance

Die Engelsmagie war nicht mehr Gegenstand philosophischer Be-trachtungen, sondern jetzt begannen sich Historiker und Antiquare dafür zu interessieren. Einem solchen Antiquar, Elias Ashmole, ver-danken wir die Überlieferung magischer Manuskripte, die ansonsten verlorengegangen wären. Insbesondere sammelte und bewahrte er die Manuskripte und den Restbestand von Doktor Dees Bibliothek auf. In späteren Jahren versuchte er sogar, Dees magische Experimente nachzuvollziehen. Ashmole ist eine besonders interessante Person, weil er nicht nur ein praktizierender Engelszauberer, sondern einer der ersten Freimaurer war. Die Ursprünge der Freimaurerei liegen weiterhin im dunkeln, aber aus Ashmoles früher Teilnahme an dieser Bewegung – sowie an weiteren späteren Entwicklungen – geht ein-deutig hervor, daß sie ursprünglich okkulte Züge hatte.

Anders als Ashmole, der versuchte, Dees Engelszauber wiederzu-beleben, konzentrierten die mystischen und religiösen Denker in der Zeit nach der Renaissance ihre Energien auf andere Dinge. 1659 ver-öffentlichte Meric Casaubon Teile aus Dees magischen Tagebüchern.

Er gab bekannt, daß Dee und Kelly ihre Frauen »getauscht« hatten. Das machte die Engelsmagie bei der breiten Öffentlichkeit nicht gerade beliebt. Damit wurde nicht nur Dees guter Ruf endgültig zunichte gemacht, sondern es führte auch dazu, daß die zeitgenössischen Philosophen die Engelsmagie für etwas Verrufenes hielten, für ein Trickspiel und keine erhabene Suche nach »grundlegendem Wissen«. Diese Einstellung kam in Ben Jonsons Theaterstück »The Alchimist« zum Ausdruck, in dem eine Dee ähnliche Person zahlreiche gutgläubige Bürger betrügt.

Die Mystiker waren natürlich immer noch an Engeln interessiert. Mystiker des 17. Jahrhunderts wie Jakob Böhme und Robert Fludd hielten vieles vom Gedankengut des Engelszaubers am Leben, forderten von der Bevölkerung aber nicht, tatsächlich magische Zeremonien abzuhalten. Im ausgehenden 17. Jahrhundert lebte das Interesse an der Engelsmagie kurzzeitig wieder auf, und zwar in den Werken des schwedischen Wissenschaftlers und Mystikers Emanuel Swedenborg. Swedenborg, ursprünglich Forschungstheoretiker im Bereich Geologie und Bergbau, wandte sich 1745 dem Studium der Mystik zu. Er hat zwar sicher keine Zeremonien abgehalten, wie sie in den mittelalterlichen Grimoires standen, aber mit kontrolliertem Atmen versetzte er sich in einen tranceähnlichen Zustand, in dem er Visionen von Gott und den Engeln hatte. Diese Visionen schrieb er dann in einem umfangreichen Werk nieder.

Böhme, Fludd und Swedenborg hatten alle Einfluß auf den visionären englischen Dichter und Künstler William Blake. Blake behauptete mehrmals in seinen Schriften, seine Gedichte und Gemälde seien von Visionen inspiriert. Er schuf viele komplizierte Kupferstiche und große Gemälde, deren Thema ein kosmischer Konflikt zwischen Wesen aus anderen Welten war. Höchstwahrscheinlich kannte sich Blake in der hebräischen Tradition der Engelsmagie aus. Eine seiner »kleineren Prophezeiungen« mit dem Titel »Tiriel« (1789) läßt an eine Verwandtschaft mit hebräischen Engelsnamen denken.

Selbst diese verwässerte Engelsmagie fristete in der Philosophie ein Schattendasein. Engelszauber paßte nicht in die Weltsicht der Aufklärung. Die Menschen des 18. Jahrhunderts waren viel mehr an Handel, Technologie und Politik als an Gesprächen mit Engeln interessiert. Engelszauber beruhte auf der Vorstellung, daß Wissen direkt von Gott erfahrbar war. Da dafür das philosophische Fundament fehlte, versuchten die damaligen Denker mit Hilfe der Wissenschaft die Geheimnisse der Natur und des Universums zu enthüllen. Statt mit Engeln und Dämonen trieb man jetzt durch Versuch und Irrtum die Geschicke und die Zukunft der Menschheit voran.

Während die Engelsmagie immer mehr in Verruf geriet, tauchten immer wieder Bücher und Manuskripte mit Ritualen auf. Im Jahr 1801 beispielsweise gab Francis Barrett in »The Magus« eine Neubearbeitung langer Passagen aus Agrippas »De Occulta Philosophia« heraus. Aber das Interesse an der Engelsmagie hatte derart nachgelassen, daß kaum jemand von der Veröffentlichung Notiz nahm. Anders als die Geister- und Feenmagie, die immer noch von einfachen Bauern auf dem Land praktiziert wurde, schien die Engelsmagie dem Untergang geweiht zu sein.

Golden Dawn

Im ausgehenden 19. Jahrhundert begann der Engelszauber mit einer Gruppe Freimaurer wiederaufzuleben. Die beiden Hauptbetreiber dabei waren S.L. Macgregor Mathers und Dr. Wynn Westcott, die den Hermetischen Orden der Goldenen Dämmerung (»Hermetic Order of the Golden Dawn«) gründeten. Andere wichtige Mitglieder des Ordens waren der Magie-Forscher A.E. Waite, der Dichter William Butler Yeats und das Enfant terrible der Engelsmagie, Aleister Crowley.

Über die Gründung des Golden Dawn besteht Uneinigkeit. 1972 veröffentlichte Ellic Howe eine Dokumentargeschichte des Golden Dawn mit dem Titel »The Magicians of the Golden Dawn«[1]. Im ersten Kapitel wirft er den Gründern, Westcott und Mathers, vor, die Gründungsdokumente gefälscht zu haben. Howes Beurteilung der Indizien ist voller logischer Ungereimtheiten. Er löst die Frage nicht, sondern bringt nur noch mehr Verwirrung in eine ohnehin schon unklare Angelegenheit.

Howes Behauptungen beruhen auf der Analyse einer Reihe von Dokumenten, die die »Charta« für den Orden bildeten* und aus ei-

---

* Howe weigert sich, den Ort und den Besitzer der Originaldokumente preiszugeben, mit der Begründung, dieser wolle nicht mit Fragen belästigt werden.

nem Manuskript stammen, das einige Rituale mit einem einfachen Ersatz-Code enthielt und allgemein als »das Ziffernmanuskript« bezeichnet wird. Des weiteren analysierte er noch einige Briefe aus Deutschland, von denen die meisten offenbar von einem Fräulein Sprengel stammen, angeblich einer Vertreterin der »Secret Chiefs«, einer Gruppe etwas mysteriöser Erleuchteter.

Mathers und Westcott glaubten, das Ziffernmanuskript sei alt, wenn nicht sogar antik. Howe widerspricht dem und zitiert A.E. Waites Ansicht, das Ziffernmanuskript stamme aus dem Jahr 1870. Er versucht Waites Datierung mit dem Hinweis zu stützen, daß ein Name, »Pereclinis Faustis«, der in der Ausgabe von 1877 von Mackenzies »Royal Masonic Encyclopedia« erscheint, auch in dem Ziffernmanuskript auftaucht. Da Howe den Namen in keinem anderen früheren englischen Werk finden konnte, zieht er daraus den Schluß, daß der Name im Ziffernmanuskript aus Mackenzie abgeschrieben worden sein muß.

Man kann sich auf Waite hinsichtlich der Datierung magischer Manuskripte nicht verlassen, weil er das Alter magischer Texte unterschätzt. In seinem »Book of Ceremonial Magic« datiert er beispielsweise das Alter mittelalterlicher Grimoires aufgrund relativ neuer Textergänzungen und übersieht dabei die eindeutig älteren Elemente. Howes Argumentation, um Waites Datierung zu stützen, ist kläglich. Der Name Pereclinis Faustis könnte ebensogut aus dem Ziffernmanuskript in den Mackenzie kopiert worden sein, oder beide Werke könnten den Namen einer anderen Quelle entnommen haben. Daß Howe keinen früheren Bezugspunkt fand, ist irrelevant. Jeder, der sich mit magischen Texten beschäftigt hat, merkt schnell, daß sich fast immer Quellenmaterial in verschollenen oder vergessenen Manuskripten verbirgt. Die Tatsache, daß Howe keine frühere Referenz fand, heißt nicht, daß es nicht doch eine gab.

Nach dieser »Datierung« des Manuskripts ignoriert Howe im weiteren Verlauf seiner Argumentation den einzigen stichhaltigen Beweis für das tatsächliche Datum des Manuskripts: die Tatsache, daß die Seiten des Original-Ziffernmanuskripts das Wasserzeichen von 1809 tragen und mit blasser Tinte geschrieben sind. Da Howe schon entschieden hat, daß das Manuskript in den 1870er Jahren geschrieben wurde, nimmt er an, daß das Dokument »auf alt getrimmt« worden war. Howe möchte uns einreden, daß Westcott und Mathers irgendwo altes Papier aufgetrieben hatten und künstlich gebleichte Tinte benutzten, nur um diejenigen zu beeindrucken, die sie in die Loge aufnehmen wollten.

Leider ergibt das keinen Sinn. Wenn Mathers und Westcott Eindruck schinden wollten, hätten sie dann nicht Papier genommen, das aus der Zeit vor 1809 stammte? Warum sollten sie sich soviel Mühe machen, nur um das Manuskript sechzig Jahre zurückzudatieren? Viel eher ist anzunehmen, daß das Ziffernmanuskript in seiner aktuellen Form aus der Zeit um 1809 stammt, obwohl es die Kopie eines älteren Dokuments sein könnte. Howes Datierung und die Annahme, es sei künstlich älter gemacht, sind einfach nicht ernstzunehmen.

Howe kritisiert im weiteren Verlauf seiner Arbeit Westcotts Aussage, daß Eliphas Lévi – ein berühmter französischer Magier des 19. Jahrhunderts – einst das Original des Ziffernmanuskripts besessen habe. Howe behauptet, daß Lévi »wenig Englisch konnte, und wenn er je das Ziffernmanuskript besessen hat, maß er ihm sicher nur geringe Bedeutung bei«. Auch hier denkt er unlogisch. Selbst wenn Lévi nicht fließend Englisch sprach, hätte er doch leicht erkennen können, daß es sich um ein englisches Dokument handelte, und hätte es sich von jemandem übersetzen lassen können.

Ebenso versucht Howe Westcotts Behauptung, daß das Ziffernmanuskript »rosenkreuzerisch«*, sei, mit der Begründung zu entkräften, das Rosenkreuzertum werde in dem Manuskript nicht erwähnt. Howe nimmt offenbar an, daß der Begriff »rosenkreuzerisch« eine präzise Bedeutung habe. Es handelt sich aber um einen verschwommenen Begriff, der sich auf nahezu jedes magische Manuskript anwenden ließe, ganz gleich, woher es stammt und wie alt es ist.

Der größte Schwachpunkt bei Howes Argumentation ist die Unscheinbarkeit des Manuskripts selbst. Hätten Westcott oder Mathers etwas fälschen wollen, so wären sie beide mit verschiedenen kabbalistischen Werken und mittelalterlichen Grimoires vertraut genug gewesen, um etwas Aufregenderes als grobe Beschreibungen von Ritualen im Ziffernmanuskript zu präsentieren. Hätten sie wirklich jemanden täuschen wollen, so hätten sie einen Brief und eine Charta

---

* Das heißt, es gehörte zu der (wahrscheinlich) mystischen Sekte von Magiern, die angeblich im 16. und 17. Jahrhundert existierte.

von Christian Rosencreutz, Elias Ashmole oder sogar Doktor Dee fälschen können.

Nach dem Ziffernmanuskript analysierte Howe die Briefe aus Deutschland. Er ließ sie von einem Graphologen untersuchen, der zu dem Schluß kam, daß »niemand, der in Deutschland geboren und zur Schule gegangen ist, solch einen Jargon geschrieben habe« und daß der Text voller »Anglizismen [sei], die kein Deutscher benutzt hätte«. Daraus schließt Howe, daß Westcott die Briefe fälschte und daß deren Urheberin, Fräulein Sprengel, gar nicht existierte.

Howe übersieht zumindest eine andere Erklärung: Fräulein Sprengel könnte in England geboren sein und dann als kleines Kind nach Deutschland übergesiedelt sein. Vielleicht hat sie nie gelernt, Englisch zu schreiben, aber trotzdem Anglizismen in ihrem Deutsch verwendet. Diese Möglichkeit wird bestärkt durch die Tatsache, daß ihre engsten Mitarbeiter in Deutschland Briten waren. Es mag zwar richtig sein, daß die Briefe viele Rechtschreib- und Grammatikfehler enthalten, daraus folgt aber nicht unbedingt, daß ein Engländer versucht hat, sie zu fälschen. Vielleicht war Fräulein Sprengel des Lesens und Schreibens nicht mächtig, denn besonders zur damaligen Zeit wurde die Ausbildung der Frauen oft vernachlässigt.

Howe weist sodann auf drei weitere Fälle hin, in denen Okkultisten legendäre Gestalten erfunden haben, so wie Madame Blavatskys geistige Führer. Howes Versuch, seine Behauptungen durch den Vergleich mit anderen Fällen zu stützen, ist nicht überzeugend. Daß andere Okkultisten Phantasiegestalten erfunden haben, ist kein Beweis dafür, daß Westcott dasselbe tat.

Howe übersieht den wichtigsten Einwand gegen die These, Westcott habe Fräulein Sprengel erfunden. Westcott suchte unter seinen Freimaurerfreunden neue Mitglieder für den Golden Dawn. Falls er sie mit einer legendären Quelle beeindrucken wollte, warum erfand er dann eine Frauengestalt? Freimaurerei war ja in erster Linie eine Männersache. Den meisten Männern der viktorianischen Zeit wurde allein bei der Vorstellung angst und bang, daß Frauen das Wahlrecht erhalten sollten. Sie müssen beunruhigt auf die Vorstellung reagiert haben, daß die Autorität des Golden Dawn auf Mitteilungen einer Frau beruhte. Falls Westcott jemanden täuschen wollte, wäre er sicher so intelligent gewesen, einen männlichen Magier zu erfinden, der seiner Loge Seriosität verlieh.

Im ganzen Kapitel scheint Howe entschlossen, alle Beteiligten so negativ wie möglich darzustellen. Es stimmt, daß der Golden Dawn sich ziemlich in Pose warf, selbst für sich Werbung machte und mit inneren Konflikten zu kämpfen hatte. Es stimmt auch, daß ihm mehrmals Unschicklichkeiten vorgeworfen wurden. Aber dieses Verhalten ist bei religiösen oder fast-religiösen Organisationen gang und gäbe. Die Gründungsmitglieder des Golden Dawn waren Menschen und hatten daher ganz menschliche Schwächen.

Wir kommen damit zu dem Punkt, der an Howes Analyse so verwirrend ist. In seinem Buch wird deutlich, daß er überhaupt keinen Respekt vor seinem Thema hat. Er macht immer wieder eine abfällige Bemerkung über die »Okkultisten«. So behauptet er beispielsweise, »Okkultisten gehören nicht gerade zu den skeptischsten Menschen«, und »Okkultisten bringen leicht Illusion und Wirklichkeit durcheinander«. Man hat den Eindruck, Howe fühle sich überlegen und, schlimmer noch, müsse auf diese Überlegenheit bei jeder Gelegenheit hinweisen. So verhält sich kein ernsthafter Forscher.

Howe bemüht sich nicht einmal um logische Argumentation. Ausführlich zitiert er A. E. Waite, obwohl dieser genau wie Mathers und Westcott ein Okkultist war. Howes Kritik an den Okkultisten ist mit Vorurteilen behaftet und absurd. Religiöse Überzeugungen, wie ungewöhnlich sie auch sein mögen, sind kein Hindernis für fundierte Forschungsarbeit, auch machen sie niemanden automatisch zum Fälscher. Viele der großen Bibelforscher waren beispielsweise Jesuiten. Nur wenige Leute kritisieren deren Bibelforschung mit der Begründung, sie seien religiös voreingenommen.

Kurz, wir können Howes Nachforschungen über die Anfänge des Golden Dawn nicht sehr ernst nehmen. Er konstruiert seinen Fall auf fehlerhafter Logik und Mutmaßungen und leitet Schuldzuweisungen aufgrund anderer Fallbeispiele ab. Er hat ganz eindeutig wenig Respekt vor seinem Thema und ist so voreingenommen gegen Okkultisten, daß seine Beweisführung völlig nutzlos ist. Diesbezüglich kann Howe froh sein, daß andere ihn nicht genauso oberflächlich beurteilen wie er den Golden Dawn. Wäre ich genauso unbarmherzig wie Howe, könnte ich den Schluß ziehen, daß er mit seiner Weigerung, den Ort und den Besitzer der Quellendokumente preiszugeben, nur versuchen will, anderslautende Interpretationen zu verhindern. Howe spielt sich mit seinem Alleinanspruch auf die Quellen auf und gibt sich genauso geheimnisvoll und ausweichend wie die Okkultisten, die er so verachtet.

Der Golden Dawn war deshalb wegweisend, weil durch ihn die alten, so lange verborgenen Werke der Engelsmagie wiederauflebten. Mathers und Westcott befaßten sich eingehend mit diesem relativ obskuren Forschungszweig und brachten ihn, sozusagen neugeboren, in die moderne Welt. Bei der Forschungsarbeit und der Übersetzung bewiesen sie beachtliche Kompetenz. Westcotts Übersetzung des »Sepher Yetzirah« und seine Kommentare zur Kabbala sind gebildet und interessant zugleich. Mathers' Übersetzungen mittelalterlicher Grimoires wie »Die heilige Magie des Abramelin« und »Der Schlüssel Solomon« sind ebenfalls brillant geschrieben.

Yeats und Crowley

Das wohl berühmteste Mitglied des Golden Dawn war der Dichter William Butler Yeats, der von Mathers eingewiesen wurde und dann mit seiner Frau Georgina Hyde-Lee Engelszauber praktizierte. Unter seiner Aufsicht führte Georgina automatisches Schreiben und Sprechen aus, was das Rohmaterial für eines der berühmtesten Werke Yeats', »A Vision«, lieferte. An Yeats' Werk sehen wir ganz deutlich, wie die Engelsmagie zu etwas Beständigem, Gutem führen kann. Wie Edward Kelly in seinen besten Zeiten als Seher verbindet Yeats in »A Vision« Philosophie, Psychologie, Geschichte und Autobiographie zu einer Reihe von Gedichten mit höchst symbolischem Gehalt.

War Yeats das berühmteste Mitglied des Golden Dawn, dann war Aleister Crowley das verrufenste.* Viel ist über Crowley geschrieben worden, der sich mit seinem Bohemienleben, zu dem auch viel Magie, Sex und Drogen gehörten, über die Vorurteile und Ängste der nachviktorianischen Zeit hinwegsetzte. Trotz seines schlechten Rufs hat Crowley viel dazu beigetragen, den Engelszauber dem 20. Jahrhundert näherzubringen.

Crowley sah die Engelsmagie als eine rein praktische Angelegenheit. Wenn sie funktionierte, dann spielte es keine Rolle, woher sie kam. Crowley verbrachte viel Zeit damit, die Rituale des Engelszau-

---

* Crowley haßte Yeats, der Crowleys Dichtertalente zu Recht in Frage stellte.

bers zu kodifizieren und zu rationalisieren. Auf der Grundlage von Psychologie und historischer Engelsmagie entwarf er ein komplexes philosophisches System. Er wiederholte nicht die Überzeugungen und Praktiken früherer Magier, sondern schuf eine neue Vision für magische Praktiken. Er durchforstete mehrere Grimoires, entnahm die ihnen gemeinsamen Elemente und wies dann jedem Element eine psychologische Bedeutung zu. Der magische Kreis symbolisierte beispielsweise die Vollkommenheit des Universums, und das magische Schwert stand für die Fähigkeit des Geistes, analytische Entscheidungen zu treffen.

Crowley vereinte die alte Kunst der Engelsmagie mit den sich schnell entwickelnden Philosophien Freudianischer und Jungscher Psychologie. Für ihn war die magische Zeremonie ein mentales, seelisches und geistiges Experiment, bei dem der Magier sich in einen Höchstzustand versetzte, in dem er engelhafte Wesen sehen, hören und sogar riechen konnte.[2]

9
Engelszauber heute

Auch heute noch wird Engelszauber in vielen Formen praktiziert. New-Age-Medien channeln regelmäßig Engel und holen sich Rat und Führung für sich und ihre Freunde. In Wäldern lebende Heiden beschwören die Macht der Naturgeister. Katholische Priester führen immer noch Exorzismen durch, um den Teufel aus dem Körper besessener Gemeindemitglieder auszutreiben. Unter der Tünche des modernen Materialismus existiert der Glaube an Engelszauber seit seinen Anfängen zu Beginn der Zivilisation praktisch unverändert weiter.

Es überrascht daher nicht, daß es immer noch Engelszauberer gibt, die die alten Zeremonien abhalten. Vor mehreren Jahren hatte ich die Gelegenheit, an einer solchen Zeremonie teilzunehmen, die ganz ähnlich abgehalten wurde wie damals in der Renaissance. Natürlich ergriff ich die Gelegenheit beim Schopf, etwas zu beobachten, wofür sich bis dahin nur Forscher interessiert hatten.

Ich war zugegebenermaßen aufgeregt, als ich den weiten Weg zum Wohnort des Engelszauberers fuhr. Ich hatte mich so lange eingehend mit diesem Thema befaßt, daß für mich die Engelsmagie an die ferne Vergangenheit gebunden war. Die Vorstellung, mit einem echten Engelszauberer zu sprechen, war höchst faszinierend.

Natürlich hatte ich insgeheim keine großen Erwartungen. Immerhin befand ich mich in Südkalifornien – einer Gegend, die zu Recht den Ruf hat, daß dort merkwürdige Leute mit noch merkwürdigeren Überzeugungen leben. Es war ein weiter Weg vom mittelalterlichen Europa – einer Zeit, in der die Engelsmagier mit kühnen Experimenten versuchten, Gottes höchsten Dienern die Geheimnisse des Universums abzuringen.

Die Wegweiser führten mich zu einem unscheinbaren Haus in einem der älteren Vororte. Es lag abseits der Straße, war von einem hohen Zaun umgeben und unterschied sich nur wenig von den vielen anderen Häusern an den belebten Straßen. Nur ein geschmackvolles Holzschild, auf dem ein Wort stand, das für mich, einem Forscher des

Geheimnisvollen, sehr vielsagend war, das aber die Aufmerksamkeit der Nachbarn nicht übermäßig erregte.

Auf mein Klingeln hin öffnete mir ein bärtiger Mann in Freizeitkleidung die Tür. Er war stämmig, Ende dreißig oder Anfang vierzig. Ich bemerkte, daß er beim Gehen eckige Bewegungen machte, und vermutete daher, daß er früher beim Militär gewesen war. Wir blieben an der Tür stehen und unterhielten uns eine Weile.

Auf den ersten Blick hatte der Mann nichts Ungewöhnliches an sich. Er war freundlich, aber reserviert, und sein Blick wirkte entrückt, als wolle er sagen: »Ich habe merkwürdige Dinge gesehen.« (Den gleichen Ausdruck habe ich auf den Gesichtern buddhistischer Mönche in den Bergen Südostasiens gesehen.)

Bald stieß auch seine Frau zu uns – eine wohlproportionierte Frau mit rabenschwarzen Haaren, die ungefähr halb so alt war wie er. Ich schmunzelte innerlich, denn ich mußte bei ihrem Anblick an die Geschichten von Merlin und Viviane denken. Der Magier zeigte mir seine Bibliothek, in der ich einige Minuten zubrachte und mir die Bücher ansah. Er besaß eine ausgezeichnete Auswahl von Werken zur Engelsmagie und interessierte sich für meine neuesten bahnbrechenden Erkenntnisse bei der Datierung der Rituale.

Sobald wir merkten, daß wir uns sympathisch waren, fragte ich ihn, ob ich einer Zeremonie beiwohnen könne. Er sagte, normalerweise lasse er keine Außenstehenden an seinen Experimenten teilnehmen, aber in meinem Fall werde er eine Ausnahme machen.

Wir machten es uns auf der Couch bequem und warteten auf den Rest der magischen Loge. Als die Teilnehmer eintrafen und sich zu uns setzten, erfuhr ich während unseres Gesprächs mehr über sie. Eine bunter gemischte Gruppe hätte ich mir nur schwer vorstellen können. Es war eine Bauchtänzerin dabei, ein Promovierter, ein Medizinstudent, ein technischer Zeichner, eine Kellnerin, ein Buchhalter und ein Programmierer. Sie unterschieden sich nur wenig von Leuten auf der Straße, nur hatten sie alle diesen entrückten Blick, den ich schon bei meinem Gastgeber beobachtet hatte.

»Sie wundern sich vielleicht«, sagte der Magier, »warum wir die Zeremonien mit einer Gruppe abhalten. Wir finden, daß es gemeinsam leichter ist, eine Erscheinung herbeizurufen. Natürlich kann man Engelszauber auch allein praktizieren, aber dann ist es schwieriger.«

Man sagte mir, ich könne die Zeremonie nicht als Außenstehender verfolgen – »das wäre bedenklich« –, also legte ich wie alle anderen ein schwarzes Gewand an. Wir begaben uns in einen Raum hinten im Haus, in dem sozusagen ein ständiger Tempel eingerichtet worden war. Die Wände waren schwarz gestrichen, und an der Decke sah man die zwölf Tierkreiszeichen. An den Wänden hingen Vergrößerungen von Tarotkarten und mehrere Tafeln mit seltsamen Buchstaben. In der Mitte des Raumes befand sich ein hoher Altar mit einer riesigen Kristallkugel darauf. Ringsherum standen niedrige Hocker, und auf dem Boden lag eine runde, mit Runen und Zeichen bemalte Holzplatte.

Der Magier schwang zur Eröffnung ein schweres Schwert und sang mit Stentorstimme, die von den kahlen, schwarzgestrichenen Wänden widerhallte. Weihrauch stieg vom Altar auf und erfüllte den Raum mit seinem Duft wie bei einer katholischen Messe. Der Magier nahm Platz und öffnete ein großes, in Leder gebundenes Buch. Soweit ich mich erinnere, war es die Zauberformel aus dem »Lemegeton«. Hin und wieder legte der Magier eine Pause ein, und seine Frau läutete eine kleine Glocke.

Jeder starrte auf die Kristallkugel, als plötzlich im Raum eine spannungsgeladene Atmosphäre spürbar wurde. Der Magier ging nun zu den Beschwörungen über und las mit fester, eindringlicher Stimme die barbarischen Namen vor. »Warum brauchst du so lange? Erscheine vor uns, oder wir werfen deine Signatur ins Feuer!« Schließlich setzte er sich mit schweißgebadetem Gesicht hin und reichte das Buch der Frau zu seiner Linken, die die Beschwörung noch einmal mit sanfter, verführerischer Stimme wiederholte. »Erscheine vor uns, Engel! Die Worte und die Talismane, die dich an unseren Willen ketten, zwingen dich dazu!« Sie ermüdete und gab das Buch dem nächsten Teilnehmer.

»Es dauert anscheinend lange«, sagte ich zu dem jungen Mann neben mir.

»Normalerweise ist es nicht so schwierig«, erwiderte er, »aber diesmal ist ein Außenstehender dabei.«

Während das Buch die Runde machte, sagte jeder eine Beschwörungsformel auf und forderte den Engel auf, in der Kristallkugel zu erscheinen. Ich war sehr schläfrig geworden. Der rhythmische Gesang war hypnotisierend, und der Rauch hing schwer in dem abgeschlossenen Raum. Ich merkte, wie ich auf meinem Hocker einnickte, und mußte mich zwingen wachzubleiben.

Plötzlich starrte jeder im Raum auf die jüngste Frau in der Runde. »Ich sehe ihn«, sagte sie und heftete ihre Augen auf die Kristallkugel. Die Hand auf ihrem Knie zitterte.

Der Magier nahm sein Buch wieder zur Hand und begann mit einer anderen Beschwörung – einem Bannspruch, der den Engel in der Kugel festhalten sollte. Ich starrte unentwegt in die Kugel, konnte aber nichts sehen. Was immer es auch war, offenbar war es nur für die junge Frau sichtbar. Die anderen Teilnehmer sahen die Kugel nicht einmal an, sondern beobachteten die junge Frau. Einer zückte Stift und Notizbuch. Der Magier ergriff wie zur Beruhigung die Hand der jungen Frau. »Das macht er, damit sie nicht zu tief in Trance gerät«, flüsterte der Mann neben mir. Der Magier setzte seine Beschwörungen fort, und der Körper der jungen Frau entspannte sich etwas. Zuletzt sagte sie: »Der Engel wird eure Fragen beantworten.«

Alle außer mir waren anscheinend mit einer konkreten Frage in die Runde gekommen, auf die sie eine Antwort haben wollten. Der herbeigerufene Engel war der Venus heilig, und daher drehten sich die Fragen um Liebe und Beziehungen. Mir erschienen die Antworten vage. Vielleicht wußte ich zuwenig über die anderen, um den Zusammenhang zu verstehen.

Als die Reihe an mir war, war ich etwas ratlos. Ohne recht darüber nachzudenken, fragte ich, ob ich mich jemals so richtig verlieben würde, denn das war mir bisher noch nicht widerfahren. Ich erhielt eine Antwort, mit der ich damals aber wenig anfangen konnte.

Als die Fragerunde weiterging, schien sich die Atmosphäre im Raum irgendwie zu verändern. Die schwarzen Gewänder, die wirklich nichts anderes als dunkle, formlose Säcke waren, kamen mir wie anschmiegsame Unterwäsche vor. Ich fühlte mich heftig und unwiderstehlich zu der jungen Frau hingezogen, die in die Kristallkugel starrte.

»Halt!« Die Stimme des Magiers durchschnitt die schwere Luft. Einen Augenblick lang dachte ich, er habe mich gemeint, aber sein Befehl richtete sich eindeutig an den Kristall. Er nahm sein Schwert und hielt es zwischen den Kristall und die junge Frau. »Bleib in der Kugel!« sagte er. »Du sollst nicht in ihren Körper eindringen!« Die junge Frau fiel ohnmächtig von ihrem Sitz, und die sexuelle Energie im Raum verschwand so plötzlich, wie sie entstanden war.

Der Magier griff zu seinem Buch und las die Erlaubnis zum Gehen vor. Jemand riß ein Fenster auf, ich war schweißgebadet. Die frische Luft war erfüllt vom Duft der Eukalyptusbäume. Die junge Frau kam wieder zu sich und setzte sich. Der Magier beschloß die Runde mit einem anderen Pentagramm-Ritual, und die Zeremonie war beendet.

»Ein recht geglücktes Experiment«, sagte er nachher zu mir. »Wir haben Kontakt hergestellt und etwas erfahren. Ob sich das als nützlich erweist, wird die Zeit zeigen.« Er schien recht angetan.

»Was bedeuteten die Worte ›nicht in ihren Körper eindringen‹?« fragte ich.

»Ach, das!« Er lachte. »So etwas kann vorkommen. Engel – selbst die erhabensten – sind sehr neugierig auf die materielle Welt und sehnen sich danach, sie direkt zu erfahren. Manchmal nehmen sie von Menschenkörpern Besitz und sind dann zu erstaunlichen Dingen fähig – manchmal zum Wohl der Menschheit, manchmal nicht – das kommt auf das Wesen des Engels an. Die Engel des Merkur beispielsweise können bekanntlich großen Schaden anrichten. Bei einem früheren Experiment war die junge Frau von einem Venusengel besessen. Der Magier, mit dem sie zusammenarbeitete, vergaß, den Engel aus ihrem Körper zu entlassen. Die Folgen waren ersichtlich: Sie wurde fast unmittelbar danach schwanger.« Er zwinkerte mir zu, so daß ich mich fragte, ob ich die Sache ernst nehmen sollte. »Sie wollte diese Erfahrung kein zweites Mal machen«, fuhr er fort, »und deshalb beendete ich die Zeremonie und entließ den Engel, als er versuchte, in ihren Körper einzudringen.«

»Wußten Sie denn genau, daß sie diejenige sein würde, die den Engel in der Kristallkugel sehen würde?«

Der Magier zupfte sich am Bart und überlegte. »Sie hätte es am ehesten sein können, denn sie hat in ihrem Horoskop einen natürichen Hang zum Planeten Venus. Hätten wir mit einem anderen Engel gearbeitet, wäre es wahrscheinlich jemand anderes gewesen. Ich persönlich sehe bei Beschwörungen oft Jupiter-Engel, aber das empfinde ich eher als störend. Aber irgendwer muß ja die Sache im Gleichgewicht halten.«

Ich versuchte, mehr aus ihm herauszuholen, aber er sagte, er sei müde. Auf der Heimfahrt fragte ich mich, was wohl Doktor Dee von dem ganzen Experiment gehalten hätte. Um ganz ehrlich zu sein, ich wußte selbst nicht, was ich davon halten sollte.

Anhang

Engelszauber – Signaturen, Siegel und Alphabete

Dieser Anhang liefert den Schlüssel zum Verständnis, der Übersetzung und der Identifizierung fast aller mittelalterlichen Grimoires sowie Quellenmaterial zur Herstellung von Engelstalismanen. Engelstalismane sind Gegenstände – meistens Schmuckstücke –, in die die Engel ihre Macht legen. Ein solchermaßen »aufgeladener« Talisman hat angeblich dieselbe Energie wie der Engel. Ein Talisman mit den Signaturen des Mars könnte beispielsweise einem Kampfsportler bei der Teilnahme an einem Wettkampf helfen.

Planetensignaturen

Diese Signaturen enthalten wahrscheinlich die in magischen Alphabeten und Ziffern verschlüsselten Namen von Engeln. Da die Manuskripte sehr oft kopiert wurden, kann man selbst mit einer vollständigen Sammlung magischer Alphabete nicht mehr viel von den ursprünglichen Namen entziffern. Die einzelnen Zeilen in Abb. 23 entstammen unterschiedlichen Quellen:

Zeile 1 stammt aus einem arabischen Manuskript.[1]
Zeilen 2 bis 4 stammen aus einem unveröffentlichten Manuskript, das Hieronymus Cardanus zugeschrieben wird.[2]
Zeilen 5 bis 7 stammen aus einem Trithemius zugeschriebenen Werk.[3]
Zeile 8 stammt aus einem unveröffentlichten lateinischen Manuskript aus dem 16. Jahrhundert.[4]
Zeile 9 stammt aus dem »Heptameron«.[5]
Zeile 10 stammt aus dem französischen »Schlüssel des Salomon«.[6]
Zeile 11 stammt von Agrippa.[7]

Siegel der Planetenengel

Die Siegel stammen aus einem unveröffentlichten griechischen Manuskript. Es handelt sich anscheinend um Monogramm-Talismane, die aus Engelsnamen zusammengesetzt sind und in magische Alphabete wie in Abb. 32 und 35 transkribiert wurden.

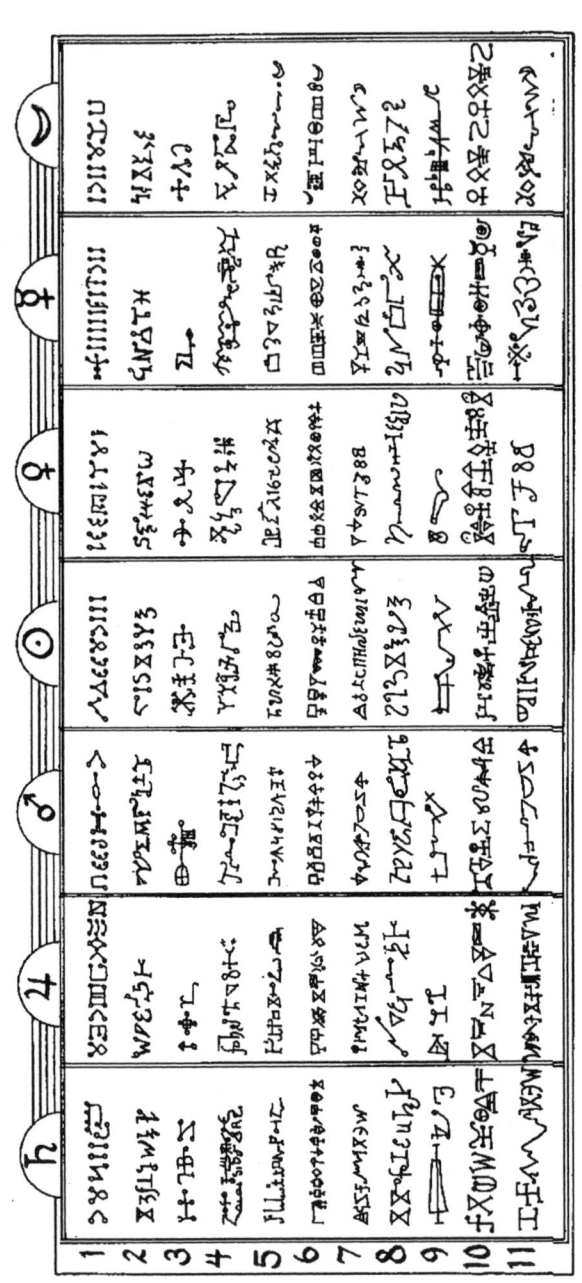

Abb. 23: Planetensignaturen

126

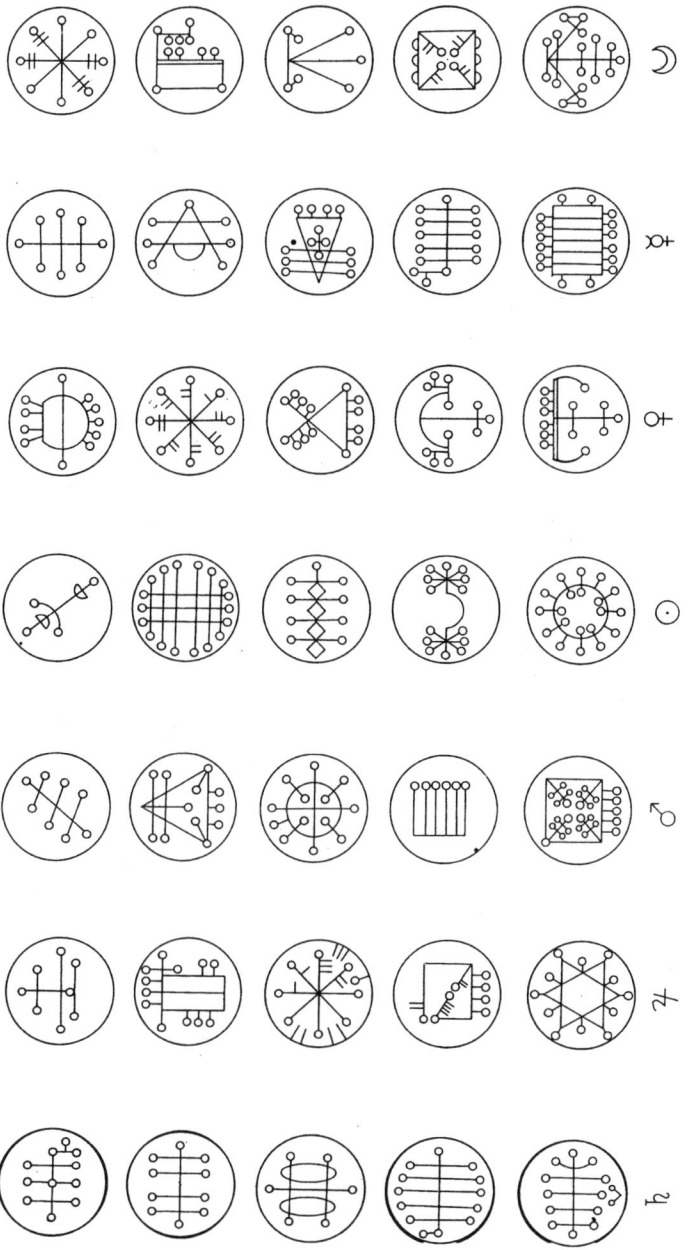

Abb. 24: Planetensiegel

127

Magische Planetenquadrate

Dies sind die Planetentabellen des Renaissance-Magiers Cornelius Agrippa. Jede Tabelle ist angeblich einem bestimmten Planeten geweiht und hat daher die Macht über Engel, deren Wesen mit diesem planetarischen Einfluß in Zusammenhang steht.[8]

4	9	2
3	5	7
8	1	6

Abb. 25: Saturnquadrat

4	14	15	1
9	7	6	12
5	11	10	8
16	2	3	13

Abb. 26: Jupiterquadrat

11	24	7	20	3
4	12	25	8	16
17	5	13	21	9
10	18	1	14	22
23	6	19	2	15

Abb. 27: Marsquadrat

6	32	3	34	35	1
7	11	27	28	8	30
19	14	16	15	23	24
18	20	22	21	17	13
25	29	10	9	26	12
36	5	33	4	2	31

Abb. 28: Sonnenquadrat

22	47	16	41	10	35	4
5	23	43	17	42	11	29
30	6	24	49	18	36	12
13	31	7	25	43	19	37
38	14	32	1	26	44	20
21	39	8	33	2	27	45
46	15	40	9	34	3	28

Abb. 29: Venusquadrat

8	58	59	3	4	62	63	1
49	15	14	52	53	11	10	56
41	23	22	44	45	19	18	48
32	34	35	29	28	38	39	25
40	26	27	37	36	30	31	33
17	47	46	20	21	43	42	24
9	35	54	12	13	51	50	16
64	2	3	61	60	6	7	57

Abb. 30: Merkurquadrat

37	78	29	70	21	62	13	54	5
6	38	79	30	71	22	63	14	46
47	7	39	80	31	72	23	55	15
16	48	8	40	81	32	64	24	56
57	17	49	9	41	73	33	65	25
26	58	18	50	1	42	74	34	66
67	27	59	10	51	2	43	75	35
36	68	19	60	11	52	3	44	76
77	28	69	20	61	12	53	4	45

Abb. 31: Mondquadrat

Engelszauber-Alphabete

Die folgenden Alphabete und Buchstaben sind verschiedenen Quellen entnommen. In einigen Fällen mußten Buchstaben rekonstruiert werden, wenn eine Seite zerrissen oder vernichtet war. Mit diesen Alphabeten kann man magische Namen auf Talismanen übersetzen, oder der praktizierende Zauberer kann damit neue Talismane verschlüsseln. Anhand der Ziffern in der oberen Reihe kann man das Alphabet identifizieren, die Ziffern in den Spalten (falls angegeben) geben den Zahlenwert der einzelnen Buchstaben an.

Abb. 32 zeigt mehrere miteinander in Zusammenhang stehende hebräische magische Ziffern, die europäischen magischen Texten entnommen sind. In einigen Fällen handelt es sich um entstellte Formen des Hebräischen statt um bewußt konzipierte Zahlencodes.

1. Die Buchstaben der »Himmlischen Schrift«[9]
2. Hebräische Schrift ohne Titel[10]
3. Die als »Überqueren des Flusses«[11] bezeichnete Schrift
4. Die Malachim (oder Schrift der Engel)[12]
5. Ohne Titel[13]
6. Ohne Titel[14]
7. Ohne Titel[15]
8. Ohne Titel[16]
9. Ohne Titel[17]

Abbildung 33 stellt eine Reihe antiker semitischer Alphabete dar, die mit den magischen Schriften in Abb. 32 verbunden sind. All diese Alphabete entstammen derselben Quelle.[18]

10. Hieroglyphen
11. Hieratisch
12. Demotisch
13. Altphönizisch
14. Numidisch
15. Frühhebräisch
16. Aramäisch
17. Estrangelo
18. Palmyrisch
19. Kufisch

Abbildung 34 stellt eine Auswahl hebräischer Schriften dar, die in Europa auftauchten. Alphabet 22 und 23 stammen aus dem Nahen Osten und sollen den Kontrast zu den Alphabeten 24 und 25 verdeutlichen.

20. Althellenistisch (vorchristlich)[19]
21. Altitalisch (vorchristlich)[20]
22. Samaritisch[21]

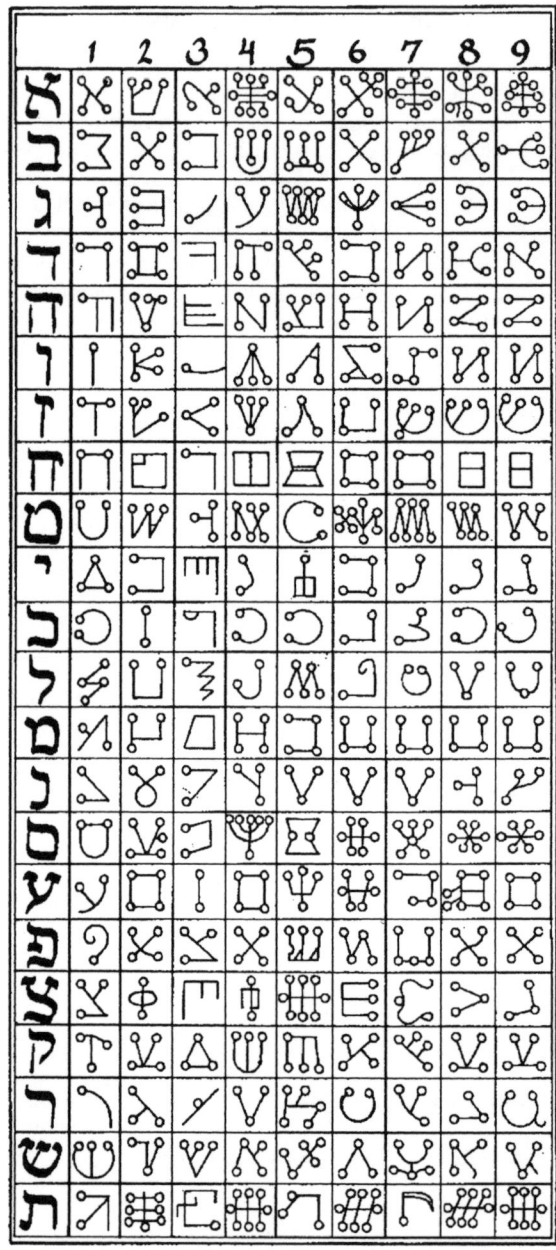

Abb. 32: Europäisch-hebräische magische Alphabete

Abb. 33: Semitische magische Alphabete

23. Syrisch[22]
24. Das Alphabet der Magier[23]
25. Magisches Alphabet (offensichtlich eine Form des Syrischen)[24]
26. Verstümmelte Form des Hebräischen, gefunden in einem europäischen Manuskript aus dem 11. Jahrhundert.[25]

Abbildung 35 stellt mehrere arabische magische Alphabete dar, die man für Monogramm-Talismane aus magischen Texten wie der »Goetia« verwendete. Diese Alphabete stehen auch in Zusammenhang mit den Alphabeten in Abbildung 23. Alle sind ohne Titel.[26]

Abbildung 36 stellt eine Reihe griechischer Ziffern dar, die möglicherweise Überreste aus alten gnostischen magischen Alphabeten sind. Keines trägt einen Titel.[27]

In Abbildung 37 sehen wir einige Alphabete, die der lateinischen Schrift angeglichen wurden. Diese Alphabete sind europäischen Ursprungs und haben offenbar nichts mit anderen Alphabeten zu tun. In einigen Fällen handelt es sich möglicherweise um Überreste archaischer Sprachen. Das henochische Alphabet verfügt nicht über alle lateinischen Phoneme.

1. Das thebanische Alphabet[28]
2. Das henochische Alphabet[29]
3. Germanische Runen[30]
4. Allgemein verbreitete Buchstaben der Philosophie und Ethik aus dem 11. Jahrhundert[31]
5. Alphabet der Zauberformeln und Divinationen[32]
6. Unbetitelter Zifferncode (vermutlich eine Form der Oghamschrift)[33]
7. Unbetitelter Zifferncode (ebenfalls vermutlich eine Form der Oghamschrift)[34]

Abb. 34: Hebräische magische Alphabete

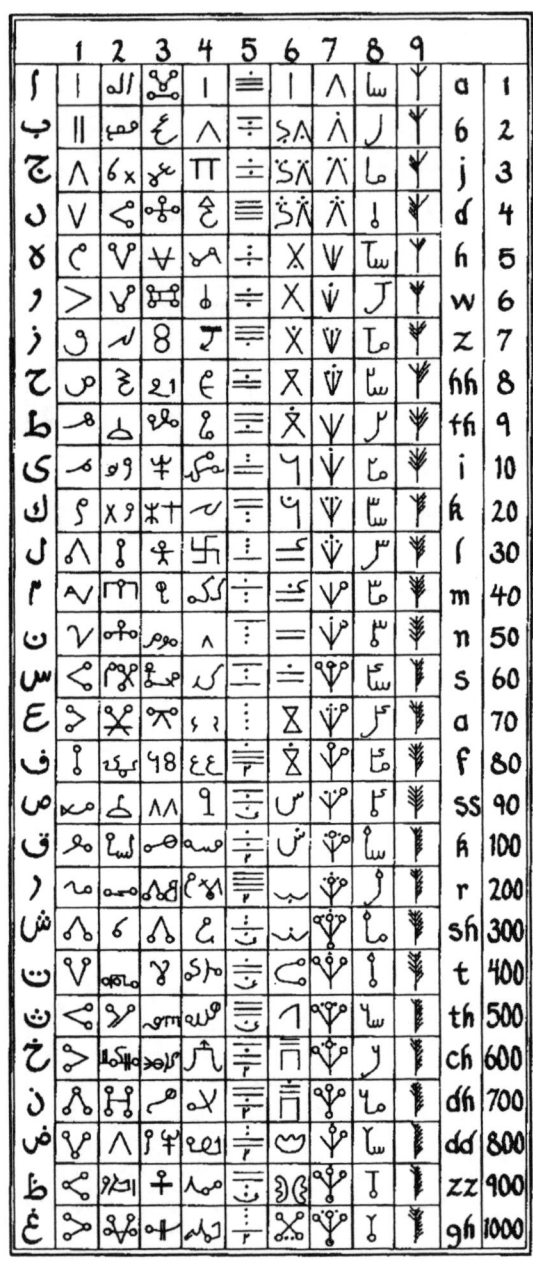

Abb. 35: Arabische magische Alphabete

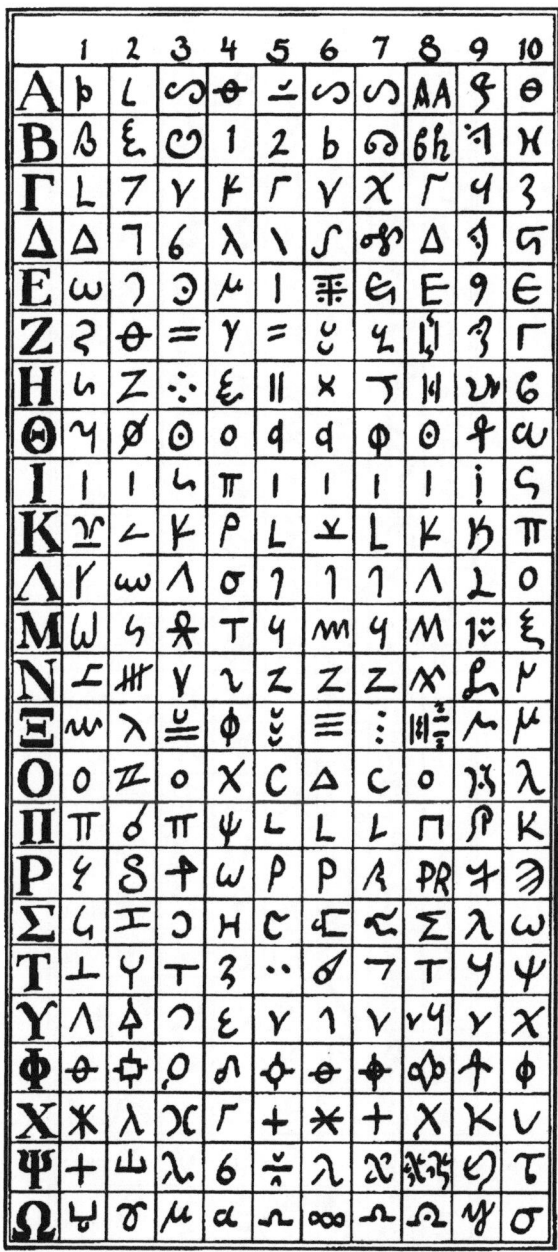

Abb. 36: Griechische magische Alphabete

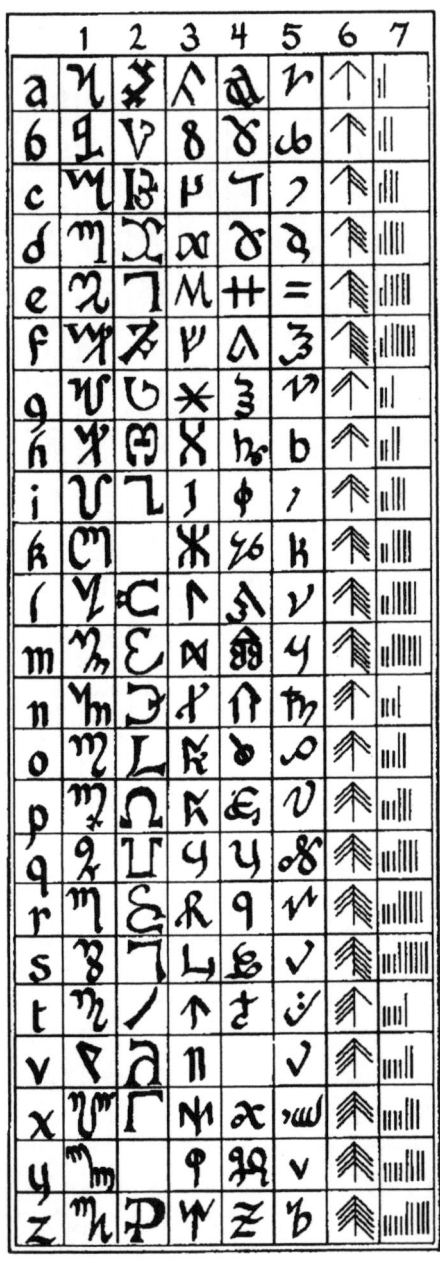

Abb. 37: Latinisierte und englische magische Alphabete

Anmerkungen

1. Einführung in den Engelszauber

1. Nancy Gibb, in: »*Angels Among Us*«, Time, v. 27. Dezember 1993.
2. Hervorragend beschrieben in Joseph Campbells Buch *Mythen der Menschheit*, München 1993, S. 239ff.
3. *Strange Stories, Amazing Facts*, New York: Reader's Digest 1976, S. 376. Eine andere Version besagt, daß über die Visionen erst nach der Veröffentlichung einer Novelle von Arthur Machen berichtet wurde.
4. Sir James George Frazer: *The Golden Bough*, New York: MacMillan 1923, III:11.
5. Üblicherweise Cornelius Agrippa zugeschrieben: *Liber Quartus de Occulta Philosophia*, o.O. 1565, S. 1.
6. Siehe Frazer: *The Golden Bough*, der dieses und andere Beispiele detailliert beschreibt.
7. Reginald Scot: *The Discoverie of Witchcraft*, New York: Dover Publications 1972, S. 240.
8. Leicht veränderte Version aus dem Koran. Aus dem Text geht nicht hervor, ob Gott oder Adam die Worte »Sagte ich dir nicht...« spricht. Ich habe mich für die magische Interpretation entschieden, die Adam Macht über die Engel verleiht.
9. Scot, a.a.O., S. 243.

2. Die Ursprünge des Engelszaubers

1. Paracelsus: *The Archidoxes of Magic*, London:, Askin 1975, S. 36.
2. S.L. MacGregor Mathers: *Der Schlüssel Solomon*, Berlin 1985, S. 12.
3. Arthur Edward Waite: *The Book of Ceremonical Magic*, New York: University Books 1961, S. 9.
4. François Lenormant: *Die Magie der Chaldaer*, Neudruck der Ausgabe 1878, Vaduz: Sändig Reprint, S. 18.
5. Aus Schaff: *A Dictionary of the Bible*, Philadelphia: American Sunday School 1880.
6. E. A Wallis Budge: *The Gods of the Egyptians*, Band 1, New York: Dover 1969, S. 3.
7. ebenda, S. 216.
8. ebenda, S. 60.
9. ebenda, S. 216.
10. *The Jerusalem Bible*, New York: Doubleday 1966, S. 1032.
11. Mathers: *Der Schlüssel Solomon*, S. 119
12. ebenda, S. 41
13. ebenda, S. 116
14. Siehe Henry Ansgar Kelly: *The Devil, Demonology and Witchcraft*, New York: Doubleday 1968, S. 70.
15. M. Gaster: *The Sword of Moses*, New York: Weiser 1973, S. 37.
16. ebenda, S. 30.
17. *1. Buch Samuel*, 28,8.
18. Gaster, S. 1.

19. ebenda, S. 28.
20. Mathers: *Der Schlüssel Solomon,* S. 112-113
21. Gaster, S. 37.
22. Siehe *1. Buch Samuel,* 16,14.
23. Gaster, S. 15.
24. Aleister Crowley (Übers.): *Goetia,* Chicago: DeLaurence 1916, S. 52.
25. Mathers: *Key of Solomon,* S. 67.
26. Mathers (Übers.): *The Book of the Sacred Magic of Abramelin the Mage,* New York: Dover 1975, S. 216.
27. Manly P. Hall: *The Secret Teachings of All Ages,* Los Angeles: Philosophical Research Society 1975, S. 21-32.
28. *Bibel, Neues Testament,* Apostelgeschichte 19,13ff.
29. Zit. nach G.R.S. Mead: *Fragmente eines verschollenen Glaubens. Das Geheimwissen der Gnostiker,* Interlaken 1990, S. 455.
30. Summers Montague: *The Geography of Witchcraft,* New Jersey: Citadel 1973, S. 8.
31. Clemens Romanus: *Recognitiones,* Lib. II, Kap. 9. Anastasius Sinaita Quaestiones, Quaestio 20.
32. Miniatur aus der Paulusbibel, Reproduktion aus den *Lost Books of the Bible and the Forgotten Books of Eden,* New York: Lewis Copeland Co. 1930.
33. Hall, XXI.
34. Budge: *Gods of the Egyptians,* S. 178.
35. Motiv auf einem Keramikkrug im British Museum.
36. Aleister Crowley (Hrsg.) und S.L. MacGregor Mathers (Übers.): *The Book of Goetia of Solomon the King,* Inverness: Society for the Propagation of Religious Truth 1904, Abbildung gegenüber Seite 38.

37. ebenda, a.a.O.

3. Wie der Engelszauber überlebte

1. William of Malmesbury: Lib. II, Kap. 10.
2. Codex 1761, Nationalbibliothek Wien, 11. Jahrhundert.
3. Reproduktion aus *The Lost Books of the Bible,* Cleveland: Forum Books 1963.
4. Gaster: *Sword of Moses,* S. 15-16.
5. Siehe Israel Regardie: *How to Make and Use Talismans,* New York: Weiser 1972.
6. Rev. Horace K. Mann: *The Lives of the Popes,* Bd.V: London: Kegan Paul 1925, S. 13.
7. Hellmut Ritter: *Picatrix,* deutsche Übersetzung aus dem Arabischen, London: Warburg Institute 1962. Siehe auch Mathers: *Der Schlüssel Solomon,* S. 13.
8. Mann: *Lives of the Popes,* S. 14-15, 22.
9. William of Malmesbury, Lib. II, Kap. 10.
10. Naude: *Apoliogie des Grands Hommes Accuses de Magic.* Siehe auch Malmesbury, Lib. II, Kap. 10.
11. William of Malmesbury: *De Gestis Regum Anglorum,* Bd. 1, Majesty's Stationary Office 1887, S. 203. Siehe auch William Godwin: *The lives of the Necromancers,* London: Mason 1834, S. 231-234.
12. Summers: *Geography of Witchcraft,* S. 523.
13. Walter L. Wakefield: *Heresies of the High Middle Ages,* New York: Columbia University 1969.
14. Summers, S. 361.
15. Sloane MSS 2731, British Library.
16. Crowley (Übers.): *Goetia,* S. 47-48.

17. ebenda, S. 57.
18. Scot: *Discoverie of Witchcraft*, S. 227.
19. Eliphas Levi: *Geschichte der Magie*, München ⁴1994, S. 275-281.
20. Detail aus dem Fresko *Triumph des Todes*, auf dem Friedhof Campo Santo in Pisa; Francesco Traini zugeschrieben.
21. ebenda, a.a.O.
22. Summers: *Geography of Witchcraft*, S. 256.
23. James J. Walsh: *The Popes and Science*, Fordham University 1971, S. 129.
24. Naude: *Apoliogie*, Kap.17.
25. *Biographie Universelle*.
26. Codex Vindobonensis 11313, Hofbibliothek Wien. Eine Variante dieses *Magischen Kalenders*, die Tycho Brahe zugeschrieben wird, wurde 1979 von Adam McLean unter der Schirmherrschaft von Magnus Opus Hermetic Sourceworks in Edinburgh, Schottland, gedruckt.
27. Paulus Jovius: *Elogia Doctorum Virorum*, Kap. 101.
28. Johann Weier: *De Praestigiis Demonum*, Lib. II, Kap. V und S. 11, 12.
29. Francis Coxe: *The Wickedness of the Magicall Sciences*, London 1561.
30. Scot: *Discoverie of Witchcraft*, S. 262.
31. Barnet (Hrsg.): *The Genius of the English Early Theatre*, New York: Mentor 1962, S. 109-110.

4. Der Werdegang eines Engelszauberers

1. Zahlreiche Abschnitte in diesem Kapitel sind – geringfügig bearbeitet – Godwins Buch *Lives of the Necromancers* entnommen. Dieses interessante Buch erschien 1834 und wurde seither nicht mehr aufgelegt.
2. Siehe Aleen G. Debus (Hrsg.): *John Dee. The Mathematical Praeface to the Elements of Geometrie of Euclid of Megara (1570)*, New York: Science History Publications 1975.
3. Frontispiz des Buchs *A True and Faithful Relation* von Meric Casaubon, London: Askin 1974.
4. Sloane MSS 3188.
5. Sloane MSS 3677, S. 23. Ashmoles viel leichter lesbare Kopie des Sloane-Manuskripts MSS 3188.
6. Elias Ashmole: *Theatrum Chemicum Britannicum*, London 1652, S. 481.

5. Die Schlüssel der Engel

1. Casaubon: *True and Faithful Relation*, S. 73.
2. Mathers: *Key of Solomon*, S. 51.
3. Sloane MSS 3191.
4. ebenda. Die deutsche Übersetzung ist dem Buch *Das Magische System des Golden Dawn*, Band 3, Freiburg: Hermann Bauer Verlag 1995, S. 1326, von Israel Regardie entnommen.
5. Weitere Informationen siehe Donald Laycock: *The Complete Enochian Dictionary*, London: Askin 1978.
6. Frances Yates: *Giordano Bruno*, Berlin 1989.
7. Waite (Hrsg.): *The Alchemical Writing and the Hermetic Tradition*, New York: Weiser 1973, III.
8. Geoffrey James: »The Key of the Thirty Aires«, *The Enochian Ma-*

gick of Doctor John Dee, St. Paul
Llewellyn 1994, S. 100.

9. ebenda, S. 68.

10. Peter French: *John Dee. The World of an Elizabethan Magus,* London: Routledge & Kegan Paul 1972, S. 114.

11. Casaubon: *True and Faithful Relation,* S. 382.

12. ebenda, S. 116.

13. ebenda.

14. Regardie, Israel: *Das magische System des Golden Dawn,* Bd. 3, Freiburg 1995.

15. Scot: *Discoverie of Witchcraft.*

16. *Funk and Wagnalls Encyclopedia,* Bd. 15, Artikel über Krakau.

17. Casaubon: *True and Faithful Relation,* S. 158.

18. Siehe »The Secrets of Enoch«, *The Lost Books of the Bible,* Cleveland: Forum Books 1963, passim.

19. Mead: Fragmente, S. 376.

20. ebenda, S. 156.

21. Zit. nach ebenda, S. 396.

22. Zit. nach ebenda, S. 428, 438.

23. Casaubon: *True and Faithful Relation,* S. 88.

24. Mead, S. 383.

25. ebenda, S. 418

26. Casaubon, S. 77.

27. Mead, S. 424.

28. Laycock: *Complete Enochian Dictionary,* S. 38.

29. Jean Paul Richter (Übers.): *The Notebooks of Leonardo Da Vinci,* Bd. II, New York: Dover 1970, S. 307.

6. Die Folgen von Dees Magie

1. Casaubon, S. 229-230.

2. Frontispiz von Casaubons Buch.

3. Casaubon, S. 280.

4. ebenda, S. 25.

5. ebenda.

6. ebenda, S. 19.

7. Scot: *Discoverie of Witchcraft,* S. 183.

8. Godwin: *Necromancers,* S. 380.

9. Waite: *Alchemical Writings,* S. 6.

10. Waite: *Alchemists Through The Ages,* New York: Steiner 1970, S. 158.

11. Artikel über Marlowe in der *American Heritage Encyclopedia.* Über CompuServe abrufbar.

12. French: *John Dee,* S. 171.

13. Yates: *Die okkulte Philosophie im Elisabethanischen Zeitalter,* Amsterdam 1991, S. 134.

14. Barnet: *Early English Theatre.* Ich habe den Text leicht verändert, damit der Durchschnittsleser ihn versteht.

15. Aus Dees Praefatio zu Sloane MSS 3188.

16. Yates: *Okkulte Philosophie,* S. 139.

17. William Shakespeare: *Der Sturm,* Epilog, übers. v. August Wilhelm Schlegel, Stuttgart: Reclam 1976.

7. Geisterzauber

1. Sloane MSS 1727, London, British Museum, 17. Jahrhundert. Zitiert nach Katherine Briggs: *An Encyclopedia of Fairies,* New York: Pantheon 1976, S. 378.

2. Sloane.

3. Aus Richard Bovet: *Pandaemonium or the Devil's Cloyster,* 1684. Reproduktion von Katherine Briggs in *An Encyclopedia of Fairies,* S. 35.

4. Ashmole MSS 1406, Oxford, Bodleian Library, 17. Jahrhundert. Zitiert nach Briggs, S. 376.

5. ebenda, a.a.O.

6. ebenda, S. 377.

7. Scot: *Discoverie of Witchcraft*, S. 234.
8. ebenda, a.a.O.
9. Sir Walter Scott: *Demonology and Witchcraft*, London: Murray 1830.
10. Robert Rirk: *The Secret Commonwealth of Elves, Fauns and Fairies*, Mackay Stirling 1691. Zitiert nach Briggs: *Encyclopedia*, S. 351.
11. ebenda. a.a.O.
12. John Gregorson Campbell: *Witchcraft and Second Sight in the Highlands and Islands of Scotland*, Glasgow: MacLehose 1902, S. 180.

8. Engelszauber und der Orden des Golden Dawn

1. Ellic Howe: *The Magicians of the Golden Dawn*, New York: Weiser 1972, Kap.1.
2. Aleister Crowley: *Magick mit/ohne Tränen*, Band 2, Bergen 1990.

Anhang

1. Pseudo-Magriti: *The Gold of the Sages*, übersetzt von Ritter, Warburg Institute 1969.
2. Hieronymus Cardanus: *De Rerum Varietate*, Lib. XVI, Basileae 1557.
3. Trithemius: *Calandarium Magicum Naturale*, Codex 11313, Nationalbibliothek Wien 1503.
4. *Liber Imaginum Lunae*, Biblioteca Nazionale Firenze, 15. Jahrhundert.
5. Pietro d'Abano: *Eptameron, Elementa Magica*, o.O. 1565.
6. *Clavicules de Solomon*: Landsdowne 1203, 17. Jahrhundert.

7. Agrippa: *De Occulta Philosophia*, o.O. 1533, wie in Barrett, Frances: *The Magus*, New York: Universitiy Books, 1967, dargestellt.
8. Siehe Regardie: *How to Make and Use Talismans*.
9. Barrett, a.a.O.
10. Codex Philos. graec. 108, 17. Jahrhundert.
11. Barrett, a.a.O.
12. ebenda, a.a.O.
13. Bartolozzi: *Inhumati Bebiltecha Magna Rabbinica*, Rom 1675.
14. ebenda.
15. ebenda.
16. ebenda.
17. ebenda.
18. Ballhorn: *Grammatography*, 1861.
19. ebenda.
20. ebenda.
21. ebenda.
22. ebenda.
23. Paul Christian: *The History and Practice of Magic*, Secaucus: Citadel Press 1969, S. 147.
24. Barrett, a.a.O.
25. Codex 1761, Nationalbibliothek Wien, 11. Jahrhundert.
26. Ballhorn: *Grammatography*, 1861.
27. Codex Philos. graec. 108, 17. Jahrhundert.
28. Barrett, a.a.O.
29. Eine Variante dieser Schrift steht in Geoffrey James' Buch *Enochian Magick*.
30. Codex 1761, Nationalbibliothek Wien, 17. Jahrhundert.
31. ebenda.
32. ebenda.
33. ebenda.
34. ebenda.

Literatur

In dieser Liste fehlen Manuskripte und seltene Bücher, an die der Durch-schnittsleser nur schwer herankommt. Die meisten Bücher in dieser Liste sind innerhalb der letzten dreißig Jahre erschienen, so daß ernsthaft Interessierte sie sicher mühelos finden können.

Grimoires

The Sixth and Seventh Books of Moses, Minneapolis: Tau Universal Publishing Co. o.J. *Eine Sammlung nicht echter Beschwörungen und antiker Texte, die in spät-viktorianischer Zeit wiederhergestellt wurden. Nur für Erwachsene geeignet.*

Raphael's Ancient Manuscript of Talismanic Magic, Chicago: de Laurence Co. 1916. *Handgeschriebene Version verschiedener Quellentexte Agrippas.*

Barrett, Francis (Hrsg.): The Magus, New York: University Books 1967. *Samm-lung von Fragmenten aus Agrippas »De Occulta Philosophia« (einschließlich Buch Vier), des »Heptameron« und anderer Quellen. Nur als Kuriosität interessant, denn es gibt andere, genauere Ausgaben dieser Werke.*

Crowley, Aleister (Hrsg.): Goetia, Letchworth: Garden City Press 1976. *Eigent-lich von S.L. MacGregor Mathers übersetzt und von Crowley veröffentlicht, der es (ziemlich hinterhältig) einer »toten Hand« zuschrieb. Dies ist das Erste Buch des Le-megeton, die restlichen wurden noch nicht veröffentlicht.*

Driscoll, Daniel (Übers.): The Sworn Book of Honorius the Magician, New Jer-sey: Heptangle 1977. *Ein sehr schöner, von Hand gesetzter Band, mittlerweile fast eine Rarität. Wahrscheinlich eines der ältesten europäischen Manuskripte. Es ent-hält einen siebenzackigen Talisman, der eindeutig der Vorläufer der siebenzackigen »Sigille des Aemeth« ist, die in Dees magischem System soviel Raum einnimmt. Ein in jeder Hinsicht interessanter Text.*

Gaster, M. (Übers.): The Sword of Moses, New York: Weiser 1973. *Ein Klassi-ker. Dieser Schlüssel zum Verständnis der Datierung der mittelalterlichen Grimoi-res zeigt zeremonielle Magie in einer sehr frühen Form.*

Hay, George (Hrsg.): The Necronomicon, New Jersey: Neville Spearman 1978. *Ein ausgefeilter Schwindel, der beweist, daß einige Leute zuviel Zeit haben.*

James, Geoffrey (Übers.): The Enochian Magick of Doctor Dee, St. Paul: Lle-wellyn 1984. *Es wird als maßgebliche Version von Dees magischen Manuskripten bezeichnet (nicht nur von mir).*

MacGregor Mathers, S.L. (Übers.): The Sacred Magic of Abramelin the Mage, Chicago: de Laurence Co. 1948. *Ein interessanter Klassiker, der mit der Tradi-tion des Golden Dawn in Zusammenhang steht. Es soll sich hierbei um sehr schwie-rige und gefährliche Ritualabfolgen handeln.*

144

MacGregor Mathers, S.L.: Der Schlüssel Solomon, Berlin 1985. *Das klassische Grimoire mit Elementen, die sich wahrscheinlich mehrere Jahrhunderte v. Chr. zurückdatieren lassen. Ein maßgeblicher Text. Besonders wichtig im Vergleich zum »Schwert des Moses«.*

MacGregor Mathers, S.L.: Das Grimoire Armadel, Berlin 1985. *Noch ein klassischer Text aus der Feder des unermüdlichen Mathers. Enthält eine Reihe besonders interessanter Sigillen.*

Machus, Marius: The Secret Grimoire of Turiel, London: The Aquarian Press 1971. *Späte Version des »Arbatel«.*

Turner, Robert (Hrsg.): Arbatel, New Jersey: Heptangle 1979. *Ein sehr unkompliziertes, einfaches Grimoire. Ein weiteres wunderschönes, seltenes Buch von Daniel Driscoll.*

Turner, Robert (Übers.): The Fourth Book of Occult Philosophy, London: Askin 1978. *Reproduktion einer Sammlung magischer Texte aus dem Jahr 1655. Die Existenz des Originals beweist, daß Engelszauber immer noch beliebt ist.*

Turner, Robert: Of Occult Philosophy Book Four. Magical Ceremonies, New Jersey: Heptangle 1985. *Leichter lesbare Transkription als das Askin-Faksimile. Dieses wunderschöne Buch in Hochdruck ist heute fast schon eine Rarität.*

Scot, Reginald: The Discoverie of Witchcraft, New York: Dover 1972. *Enthält ein vollständiges Anleitungsbuch zur Geistermagie. Sehr interessante Beschreibungen von Bühnenmagie und den Betrügereien, die von Richtern bei Hexenprozessen begangen wurden.*

Tyson, Donald (Hrsg.): Three Books of the Occult Philosophy, St. Paul: Llewellyn 1993. *Eine begrüßenswerte Wiederauflage des klassischen Agrippa-Textes.*

Waite, A.E.: The Book of Ceremonical Magic, New York: University Books 1961. *Klassische, interessante Sammlung verschiedener Texte, darunter einige Schwarzmagietexte, die im 18. Jahrhundert im Umlauf waren. Waites Ansichten zur Datierung der Manuskripte können Sie getrost ignorieren. Enthält Fragmente aus dem »Lemegeton«.*

Anleitungsbücher

Bardon, Franz: Die Praxis der magischen Evokation, Freiburg: Bauer 9 1995. *Ganz anders als englisches und amerikanisches Material zu diesem Thema. Sehr originell und kurios.*

Crowley, Aleister: Liber 777 und andere kabbalistische Schriften, Bergen: Kersken-Canbaz 1985. *Sammlung kabbalistischer Texte; magisches Wörterbuch; Schlüssel zum praktischen Okkultismus und den großen Religionen. Außerdem enthält es die wichtigsten kabbalistischen Texte Crowleys, die eine tiefe Einsicht in die Arbeit mit der Kabbala und der praktischen Magie bilden.*

Crowley, Aleister: Magick mit/ohne Tränen, Briefe, Bergen: Kersken-Canbaz Band 1: 1989, Band 2: 1990. *Mehrere Briefe, in denen verschiedene Aspekte der magischen Praxis erklärt werden.*

Crowley, Aleister: Magick 1, Bergen: Kersken-Canbaz 1988, Magick 2, Bergen: Kersken-Canbaz 1987. *Verwirrend, obskur, doch informativ – ein immer noch faszinierendes Werk. Das maßgebliche moderne Werk über Engelszauber – wenn Sie die Arroganz des Autors nicht stört.*

Davidson, Gustav: A Dictionary of Angels, New York: MacMillan 1967. *Kürzlich als Taschenbuch neu aufgelegt. Diese interessante Sammlung enthält (sehr demokratisch) sowohl gefallene als auch himmlische Engel.*

Godwin, David: Godwin's Cabbalistic Encyclopedia, St. Paul: Llewellyn 1994. *Das klassische Nachschlagewerk. Verlassen Sie die körperliche Ebene nicht ohne dieses Buch.*

Gray, William: Magie. Das Praxisbuch der magischen Rituale, München: Goldmann 1994. *Ein etwas schwerfällig geschriebener Text, der aber eine Menge hervorragender Ratschläge enthält.*

Kraig, Donald Michael: Modern Magick, St. Paul: Llewellyn 1994. *Mit Erklärungen, wie man Wesenheiten dazu bringt, sich körperlich zu manifestieren, und wie man die Großen und Kleinen Schlüssel Solomons anwendet.*

Laycock, Donald: The Complete Enochian Dictionary, London: Askin 1978. *Das maßgebliche Nachschlagewerk für das Henochische.*

Schueler, Gerald und Betty Schueler: Enochian Magic. A Practical Manual, St. Paul: Llewellyn 1993. *Ein Handbuch für den Anfänger ebenso wie für den erfahrenen Magier. Das Ehepaar Schueler gehört derzeit zu den produktivsten Forschern zum Thema Henochische Magie.*

Tyson, Donald: How to Make and Use a Magic Mirror, St. Paul: Llewellyn 1990. *Schritt-für-Schritt-Anleitungen mit historischem Ausblick auf die Geschichte des Spiegels in Magie und Literatur.*

Tyson, Donald: The New Magus. The Modern Magician's Practical Guide, St. Paul: Llewellyn 1988. *Grundlegendes Werk für ein persönliches Magiesystem.*

Tyson, Donald: Ritual Magic. What It Is & How To Do It, St. Paul: Llewellyn 1992. *Überblick über die Alternativen und Philosophien moderner magischer Praxis.*

Tyson, Donald: An Advanced Guide to Enochian Magick, St. Paul: Llewellyn o.J. *Enthält Übungen, vollständige Rituale und Grundzüge für magische Handlungen auf mehreren Ebenen.*

Vinci, Leo: Gmicalzoma. An Enochian Dictionary, London: Regency 1976. *Ein interessantes Buch, wird aber von Laycocks Werk übertroffen.*

Historischer Hintergrund

Ayton, William Alexander: The Life of John Dee, London: First Impressions 1992. *Besonders interessante Biographie, in der auch die Geschichte von Dees Sohn Arthur erzählt wird.*

Clulee, Nicholas H.: John Dee's Natural Philosophy. Between Science and Religion, London: Routledge 1988. *Maßgebliche Studie über Dees philosophisches Leben. Absolute Spitzenklasse. Ein Klassiker.*

Dee, John: The Mathematical Preface to the Elements of Geometrie of Euclid of Megara, New York: Science History Publications 1975. *Das Buch, das Dees Ruhm besiegelte, bevor er mit seinen magischen Experimenten begann.*

146

Dee, John: The Hieroglyphic Monad, New York: Weiser 1975. *Kurioses und undurchschaubares Werk, das bisher jeden Leser verwirrt hat.*

French, Peter J.: John Dee. The World of an Elizabethan Magus, London: Routledge & Kegan Paul 1972. *Immer noch die maßgebliche Biographie über Dee, auch wenn sie sich nicht an die chronologische Abfolge hält.*

Laurence, Richard (Übers.): The Book of Enoch the Prophet, Minneapolis: Wizards Bookshelf 1976. *Ein interessanter Kontrast zu Dees henochischem Material.*

Mead, G.R.S.: Pistis Sophia, New Jersey: University 1974. *Vermischte gnostische Schriften aus verschiedenen Quellen. Interessant als Studie zum gnostischen Glauben.*

Mead, G.R.S.: Fragmente eines verschollenen Glaubens. Das Geheimwissen der Gnostiker, Interlaken: Ansata 1990. *Weitere gnostische Fragmente mit ausführlichem Kommentar.*

Orchard, James Halliwell: The Private Diary of Dr. John Dee, London: AMS Press 1968. *Interessanter Ausblick auf Dees Privatleben und seine politische Situation. Ungezwungene Bemerkungen in Form von Marginalien.*

Suster, Gerald: John Dee. Essential Readings London: Crucible 1986. *Interessante Auswahl aus verschiedenen Bereichen von John Dees Werk.*

Waite, A.E.: The Alchemical Writings of Edward Kelly, New York: Weiser 1970. *Interessante Sammlung von Kellys Arbeit nach seiner Zeit mit Dee.*

Yates, Frances: Aufklärung im Zeichen des Rosenkreuzes, Stuttgart: Klett-Cotta 1975. *Dieses Werk gewährt Einblick in die Entwicklung der Magie nach Dee.*

Yates, Frances: Giordano Bruno, Berlin: Wagenbach 1989. *Hervorragende Gesamtdarstellung eines Engelszauberers der Renaissance, der in interessantem Gegensatz zu John Dee steht.*

Yates, Frances: Die Okkulte Philosophie im Elisabethanischen Zeitalter, Berlin: Anton Weber 1991. *Maßgebliches Werk für jeden, der sich mit der Geschichte der Engelsmagie und verwandten Gebieten in der Renaissance beschäftigt.*

Weiterführende deutschsprachige Literatur

Alhazred, Abdul: Das Necronomicon/Die Goetia. Der Kleinere Schlüssel Solomons, Berlin: Schikowski 1985

Beecken, Johann R. v.: Die heilige Magie des Abramelin. Die Überlieferung des Abraham von Worms, Berlin: Schikowski o.J.

Butler, Walter: Die hohe Schule der Magie. Über die Kunst, willentlich Bewußtsein zu verändern, Freiburg: Bauer 1994

Colquhoun, Ithell: Schwert der Weisheit. MacGregor Mathers & Der Golden Dawn, Bergen: Kersken-Canbaz 1996

Compagni, Vittoria P. (Hrsg.): Cornelius Agrippa. De Occulta philosophia. Libri tres, Leiden: Brill 1992

Dornseiff, Franz: Alphabet in Mystik und Magie, Leipzig: Reprint 1994

Eschner, Michael D.: Das Henochische Schachspiel, Bergen: Kersken-Canbaz 1986

Eschner, Michael D.: Die Henochischen Schlüssel der Magie, Bergen: Kersken-Canbaz 1989

Eschner, Michael D.: Magie – eine Einführung, Bergen: Kersken-Canbaz 1990

Harnack, Adolf von, und Schmid, Carl: Buch der Geheimnisse des Enoch. Texte und Untersuchungen zur Geschichte der Altchristlichen Literatur, Leipzig: Hinrichs 1924

Hurtak, James J.: Das Buch des Wissens. Die Schlüssel des Enoch, Brienz: Academy for Future Science 1990

Kiesewetter, Karl: John Dee und der Engel vom westlichen Fenster, Berlin: Zerling 1993

Lehmann, Alfred: Aberglaube und Zauberei. Von den ältesten Zeiten bis in die Gegenwart, Aalen: Scientia 1985

Löffler, Ralf: Henoch Iadnah Mad. Das Wissen der Götter, Bergen: Kersken-Canbaz 1989

Löffler, Ralf und Peyn, Gitta: Die Magie des Dr. John Dee, Schnega: Phänomen Schnega 1992

Meier, Jörg (Hrsg.): Das Büchlein der Venus (Libellus Veneris Nigro Sacer). Eine magische Handschrift des 16. Jahrhunderts, Bonn: Holos-Verlag 1990

Meyrink, Gustav: Die Romane. Der Engel vom vierten Fenster, München: Langen-Müller 1995

Rienecker, Fritz und Maier, Gerhard (Hrsg.): Lexikon zur Bibel, Haan: Brockhaus 1994

Rijckenborgh, Jan van: Mysterien der Pistis Sophia, Haarlem: Rozekruis-Pers 1994

Tegtmeier, Ralph: Magie und Sternenzauber. Okkultismus im Abendland, Köln: Dumont 1995

Thaer, Clemens von (Hrsg./Übers.): Euklid. Die Elemente, Darmstadt: Wissenschaftliche Buchgesellschaft [8]1991

Wilson, Colin, Turner, Robert und Langford, David: Das Buch der Toten Namen – Necronomicon, Bergen: Kersken-Canbaz 1992

Worms, Abraham von: Das Buch Abramelin. Oder Die ägyptischen Offenbarungen, Saarbrücken: Neue Erde 1994

Register